事例から学ぶ
「養護教諭の
ヒヤリ・ハット」

アレルギー編

編集
養護教諭ヒヤリ・ハット研究会
代表：三木とみ子

ぎょうせい

まえがき

　養護教諭は、日頃の勤務において様々な事故や失敗等「ヒヤッとしたりハッとしたり」した経験をしています。
　これらの実態を我々「養護教諭ヒヤリ・ハット研究会」は、平成22年、約500人の養護教諭を対象にヒヤリ・ハットの事例、考えられる背景要因、その時の養護教諭の心身の状態等について約1,000事例を収集し、約2年余りにわたって分析検討を重ねました。これを踏まえ教育職員としての養護教諭が経験したヒヤリ・ハットの定義を設定し、平成24年「事例から学ぶ「養護教諭のヒヤリ・ハット」」を発刊し、大変好評を得ました。
　今回は、近年の教育課題の動向や現場の養護教諭の要望に応え、「事例から学ぶ「養護教諭のヒヤリ・ハット」―アレルギー編―」として発刊することとなりました。
　本書は以下のように構成しています。
　理論編は、1.「ヒヤリ・ハットとは何か」として一般的なヒヤリ・ハットの概念、2.「養護教諭の職務とヒヤリ・ハット」として、「職」の特徴の視点から、3.「アレルギーの基本的理解」、4.「アレルギーに関するヒヤリ・ハットの実態」、さらに事例編として1.「事例編の見方・捉え方」、2.「ヒヤリ・ハットの事例」43事例を紹介し、3.「事例全体から見た養護教諭のヒヤリ・ハット」へのコメントを掲載しています。
　事例は、以下の視点から記述しています。
　　　◆Hiyari・Hatto　　【事例の概要】
　　　◆Cause　　　　　　【どうして起きたのか？】―背景要因
　　　◆Learning　　　　　【事例からの学びや教訓】

◆ヒヤリ・ハットを未然に防ぐための具体的な方策例
　　管理と指導の方法／子どもに指導する内容
　◆これだけは！　押さえておきたいワンポイント
　養護教諭の皆さんが、本書を日々の実践の中で活用していただければ大変うれしい次第です。
　最後に出版社ぎょうせいの出版企画部の皆様には編集に当たって大変お世話になりました。心より感謝申しあげます。

　平成27年4月
　　　　　　　　　　　　　養護教諭ヒヤリ・ハット研究会／代表
　　　　　　　　　　　　　女子栄養大学客員教授　　三　木　とみ子

目　次

まえがき

理　論　編

1　ヒヤリ・ハットとは何か
　　―特にアレルギー関連事例について―

(1) ヒヤリ・ハットの基本的理解 …………………………………… *1*
(2) 職種・分野の相違におけるヒヤリ・ハット …………………… *6*
(3) アレルギー関連事例における養護教諭のヒヤリ・
　　ハットとは？ …………………………………………………… *10*

2　養護教諭の職務とヒヤリ・ハット

(1) 「養護教諭のヒヤリ・ハット」と職務 ………………………… *12*
(2) 「養護教諭のヒヤリ・ハット」の定義の用語解釈 …………… *12*
(3) 養護教諭の「職」の特徴とヒヤリ・ハット …………………… *13*
(4) 「教育活動全体」について …………………………………… *16*
(5) 「ヒヤッとしたり」「ハッとしたり」について ………………… *17*
(6) 「失敗してしまった」について ………………………………… *17*
(7) 「重大な事故に至らなかった」ことについて ………………… *17*
(8) 学校の危機管理とヒヤリ・ハット ……………………………… *18*
(9) アレルギーによるヒヤリ・ハットを取り上げたこ
　　とについて ……………………………………………………… *18*

3　アレルギーの基本的理解

(1) アレルギーとは ………………………………………………… *20*
(2) アナフィラキシーショックとは ……………………………… *21*

i

目　次

(3) 学校での対応と課題 …………………………………… 22
(4) 養護教諭の対応と課題 ………………………………… 24

4　アレルギーに関するヒヤリ・ハットの実態

(1) 内科的救急処置におけるヒヤリ・ハットの実態 ………… 35
(2) アレルギーに関するヒヤリ・ハットの種類 …………… 36
(3) 食物に関するアレルギーのヒヤリ・ハット事例 ……… 37
(4) 食物以外のアレルギーに関連するヒヤリ・ハット
事例 ………………………………………………………… 38

事　例　編

1　事例編の見方・捉え方 ……………………………… 41
2　ヒヤリ・ハットの事例

事例1　動物アレルギーがあるのにウサギを追いかけ
　　　　ている？！ ……………………………………… 42
事例2　湿布でぜんそく発作！？ ……………………… 46
事例3　遠足で行った動物園でウサギアレルギーを発
　　　　症 ………………………………………………… 50
事例4　学級担任が第一発見者！ ……………………… 54
事例5　お母さんも知らなかった！？
　　　　―学校ではじめて起こしたアナフィラキシー― …… 58
事例6　家で飲めていても確認しよう ………………… 62
事例7　かわいいから、つい触っちゃうんだ…… …… 66
事例8　ネコは触っちゃだめだけどモルモットは？
　　　　―「大丈夫」の言葉でも十分な注意を！― …… 70
事例9　注意すべきは給食だけじゃない！！ ………… 74
事例10　アレルギーについてしっかり検査しよう …… 78
事例11　咳で飛び散った牛乳がかかって発症！
　　　　―アレルギー症状を知らせない子ども― ……… 82
事例12　いつもは平気だったのに…
　　　　―休み時間の鬼ごっこで発症― ………………… 86

ii

目　　次

事例13　においをかいだだけでアナフィラキシーは起こるの？ ……………………………………………………… *90*

事例14　給食センターなら安全だという思い込み…… ……………………………… *94*

事例15　医師から管理指導解除の指示があったのに起きたアナフィラキシー！ …………………………… *98*

事例16　体育の時間に、突然せきが止まらない ……………… *102*

事例17　宿泊先で原因不明のアレルギー発症 ………………… *106*

事例18　養護教諭不在でエピペン®対応に戸惑ってしまった教職員 ……………………………………………… *110*

事例19　サバを除去し忘れて、学級担任も大慌て …………… *114*

事例20　ソバ粉を吸い込んでも発症！？ ……………………… *118*

事例21　既往がないので本人も大丈夫と言っていたが…… …… *122*

事例22　まさか手袋で呼吸が苦しくなるなんて ……………… *126*

事例23　心的要因の咳だと思い込んでしまい……
　　　　―教室に入ると咳がでる― ………………………… *130*

事例24　ただのじんましんだから……家に帰れます …………… *134*

事例25　調理実習じゃないのに……食べたって何を？ ………… *138*

事例26　まさか！！　部活動中の差し入れで…… ……………… *142*

事例27　まさか、アレルギーとは想像していませんでした ……………………………………………………… *146*

事例28　エビフライをおかわりして食べた後、運動したら大変なことに…… …………………………………… *150*

事例29　運動したら全身がかゆくなって…… …………………… *154*

事例30　フライだから大丈夫だと思って…… …………………… *158*

事例31　初めて蕎麦に触れた子が？！
　　　　―林間学校の体験学習で― ………………………… *162*

事例32　みんなが食べている目の前の美味しそうなものを自分も食べてみたい……！ ………………… *166*

事例33　いつの間に席替えしたの……？！ ……………………… *170*

事例34　虫刺されかと思っていたら……腫れの原因は……？ ……………………………………………………… *174*

事例35　ネコを助けたかっただけなのに…… …………………… *178*

事例36　湿布の跡がくっきり！ ………………………………… *182*

iii

目　　次

事例37　鹿、も？！―動物アレルギーはあったけれど……― ……………… *186*

事例38　「喘息の薬は使わせない！　大人になったら治る！」 ……………… *190*

事例39　急変を考慮し、救急搬送してよかった ……………… *194*

事例40　5時間目の体育で出たじんましんは要注意！保護者との認識のずれに注意！ ……………… *198*

事例41　えっ、まさか　呼吸困難になるなんて　ストレスでじんましん？！ ……………… *202*

事例42　大変！　ハチに刺された！ ……………… *206*

事例43　登校前に飲んできた家庭薬でアナフィラキシーに ……………… *210*

3　事例全体から見た養護教諭のヒヤリ・ハット

(1)　事例から読み取れること ……………… *214*
(2)　事例の振り返りから ……………… *215*
(3)　学校全体での取り組み ……………… *216*

養護教諭ヒヤリ・ハット研究会

理 論 編

1 ヒヤリ・ハットとは何か
―特にアレルギー関連事例について―

(1) ヒヤリ・ハットの基本的理解

① ヒヤリ・ハットとは

ヒヤリ・ハットとは、
「実際には事故・災害には至らなかったものの、事故・災害に直結する可能性を有し、『ヒヤリ』または『ハッ』とした事象や体験」
を意味している。

ヒヤリ・ハットという言葉は、最初は、産業界において労働事故・災害を防止するために、潜在的に事故・災害に至る可能性のある状況を未然に把握し対応するために、雇用者から「ヒヤリ」または「ハッ」とした事象や体験を報告してもらうために日本国内で使われ始めた言葉であるとされている（ただし、ヒヤリ・ハットという言葉が生まれた年代と場所は残念ながら文献的に不明である）。現在、少なくとも日本においては、産業界に留まらず、あらゆる事故や災害の防止、そして様々なトラブルの防止のために、ヒヤリ・ハット体験に関する情報を集め、その情報を事故やその他の有害事象防止のために活用しようとする取り組みが、様々な分野でなされている。

養護教諭の学校における職務においても、日々、外傷や急病の児童生徒への対応、健康診断や健康教育、保健衛生に関する様々な文書管理、学校行事への付き添いなど多岐にわたる中で、「実際には重大な事故や大きなトラブルには至らなかったものの、『ヒヤリ』または『ハッ』とした体験」は決して稀ではないものと推測される。

しかしながら、一言でヒヤリ・ハット事例と言っても、養護教諭に

理 論 編

関わるヒヤリ・ハット事例とはどのような事例を指すのか、容易に定義することはできない。その理由は、個々の職種の職務・責任・求められる厳密度・正確性などの相違と、各事例がもたらす結果によって、ヒヤリ・ハット事例に留まるのか、過失・事故とされるのかは異なるからである。例えば

> 「体育の時間に下肢を打撲した児童生徒が保健室に来て、単なる打撲だろうと判断し、冷湿布をして、保護者に強く痛がるようなら医療機関を受診するように連絡をしてから帰宅させたが、その後、病院を受診したところ骨折であることが判明した」

という事例を考えてみよう。この事例では明らかに養護教諭の判断に間違いがあったことは言うまでもない。しかしそもそも養護教諭の職務には「応急処置」は含まれているが、「医学的診断」は含まれていない。これがもし病院で医師が単なる打撲と診断して骨折を見逃したとしたら、それは明らかな「誤診」であり、決してヒヤリ・ハット事例とは呼べない。しかし、「医学的診断」を本来の職務としない養護教諭が児童生徒の打撲部位に冷湿布をして、保護者にも必要ならば医療機関を受診するように伝えたうえで、結果として病院で骨折が判明したという経緯に対し、養護教諭が保健室で骨折と判断できなかったことを「重大な過誤」と断じることには難がある。むしろ、このような事例こそヒヤリ・ハット事例として、「骨折が無いと思っても、骨折している場合があるから気をつけよう」という教訓として受け止めてよいのではないだろうか。一方で、もし保護者が骨折を見逃したことを非常に憤慨し、学校を相手に賠償請求を行う事態に至ったとしたら、この場合はヒヤリ・ハット事例として済ますことは難しいであろう。すなわち、ヒヤリ・ハット事例の定義は、分野や領域における職務・責任・求められる厳密度・正確性などの相違と、各事例がもたらす結果によって、それぞれ異なっている。

② ヒヤリ・ハットの理論

そこでまず、養護教諭におけるヒヤリ・ハット事例の定義に関する

ことからは一歩離れ、一般的なヒヤリ・ハットに関する理論について考えてみる。「ヒヤリ・ハット」と言う言葉はカタカナ表記ではあるが、先述の通り日本国内で作られた純粋な日本語であり、英語に翻訳するとすれば「Near miss」、「Minor incident」または狭義の「Incident」といった言葉が当てはまる。ちなみに、英国の健康安全局（Health and Safety Executive：HSE）の定義では、「Accident」を「An event that results in injury or ill health（外傷や健康障害をきたした事）」とし、一方で「Incident」を「Near miss」と「Undesired circumstances（望ましくない状況）」に分け、「Near miss」とは「An event that not causing harm, has the potential to cause injury or ill health（実際の危害には至らなかったが外傷や健康障害をきたす可能性のある事象）」とし、「Undesired circumstances」とは「A set of conditions or circumstances that have the potential to cause injury or ill health（外傷や健康障害をきたす可能性のある一連の状況）」と明記されている。この英国のHSEの定義に基づけば、ヒヤリ・ハット事例とは「Near miss」と「Undesired circumstances」の両者、すなわち「Incident」に相当すると理解できる。

ヒヤリ・ハット事例の報告を積極的に求め、ヒヤリ・ハット事例の情報を収集し事故・災害の防止やトラブルの防止に活用しようとする働きかけは「ヒヤリ・ハット活動」または「ヒヤリ・ハット運動」と呼ばれる。ヒヤリ・ハット活動（運動）を活発化することが重要とされる理由には、「事故・災害が発生する前に対策を講じる『先取りの姿勢』が大切であり一度事故・災害が起きて被害者や大きな設備の損害が発生してから対応するのでは遅い」という考えに加えて、「1つの事故・災害の発生確率と比較して『ヒヤリ・ハット』事例の発生確率が非常に高い」という状況が背景にある。

米国の損害保険会社の技術調査部門の技師であったハインリッヒ（H.W. Heinrich）は1929年に、1件の重大な外傷事故（死亡事故、長期後遺症が残る事故、長期入院治療を要する事故など）に対して29

理 論 編

件の比較的軽微な外傷を伴う事故（いわゆるヒヤリ・ハット事例）が発生し、さらに300件の外傷を伴わない事故が発生しているという、有名な「ハインリッヒの法則」を提唱している（図1）。この重大な外傷事故：軽微な外傷事故：外傷を伴わない事故の比が1：29：300とする数値については、その後いくつかの修正理論が提示されており、例えばバード（Bird）は1966年にアメリカの保険会社約300社の170万件以上の事例を分析した結果、1件の重症外傷の背後に、10件の軽傷事故、30件の外傷を伴わない器物の損壊事故、600の事故寸前のニアミスが発生しているとする1：10：30：600の比（「バードの法則」）を提唱しており、また、タイ（Tye）とピアソン（Pearson）は1974年から1975年にかけてイギリスの製造業関連企業で発生したおよそ100万件の事故を分析し、1件の致命的・重大な外傷事故に対し、3件の中等度または軽症の外傷事故、50件の極めて軽微な外傷事故、80件の器物損壊事故、400件の事故には至らなかったが事故寸前の事象があることを示している（「タイ＆ピアソンの理論」）。これらの中でも、ハインリッヒの法則は最も広く知られているが、ハインリッヒの法則における1：29：300の比率自体は絶対的なものではなく、おそらく業務の内容や業務のオートメーション化の度合い（ヒトによる作業の関与の度合い）により、この重大な外傷事故：軽微な外傷事故：外傷を伴わない事故の比率は変わってくることが予測される。しかしながら、ハインリッヒの法則、バードの法則、タイ＆ピアソンの理論に共通して認められることは1件の重大な事故に対し数百倍の件数の事故には至らなかっ

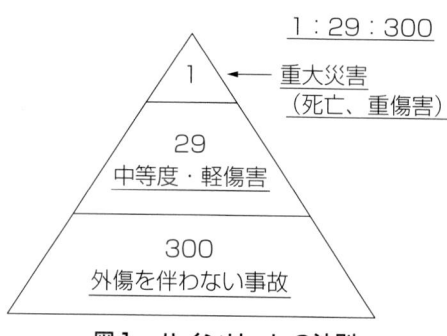

図1　ハインリッヒの法則
重大災害1件の発生に対し、中等度・軽傷害は29件、外傷を伴わない事故が300件の比で発生しているとする法則

4

たが事故寸前の事象（いわゆるヒヤリ・ハット事例）が存在しているということである。

ひとたび死亡事故、長期後遺症が残る事故、長期入院治療を要する事故などが発生してしまえば、事故調査のための組織が組まれ事故の原因分析と再発防止策を講じることが求められるのは当然として、本人や家族への賠償の問題、警察・消防をはじめ関係する行政機関への対応、マスコミへの対応、責任者の処分などが必要になる。また、場合によっては刑事裁判や本人や家族が訴訟を起こした場合の民事裁判などへの対応も発生しうる。このように重大事故・災害が発生すると、多大な労力とコストを注ぐ必要が避けられない。これに対して、重大事故・災害の数百倍の頻度で発生するヒヤリ・ハット事例の情報を収集し活用することにより、重大事故・災害や重大なトラブルの発生を防げるならば、稀にしか発生しない重大事故・災害の数百倍の頻度という豊富な情報に基づき、被害者を出すことなく、はるかに少ない労力とコストで安全やサービスの質を向上させることが期待できる。今日、ヒヤリ・ハット活動（運動）を活発に展開することが重要とされる理由は、以上より理解できる（図2）。

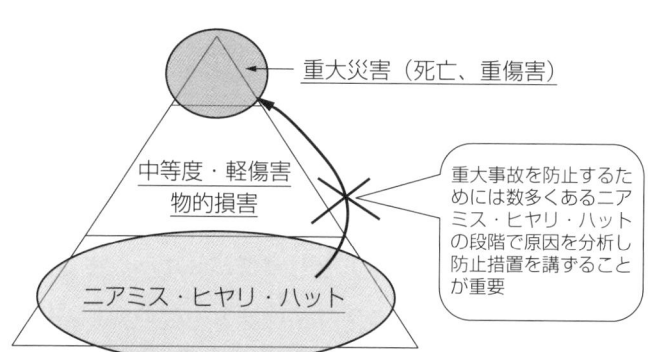

図2　ニアミス・ヒヤリ・ハット経験を活用し、重大事故を未然に防ぐ

(2) 職種・分野の相違におけるヒヤリ・ハット

　先述のようにヒヤリ・ハットの定義は、分野や領域における職務・責任・求められる厳密度・正確性などの相違と、各事例がもたらす結果によって、それぞれ異なっている。そこでより具体的に、航空業務、建築業界、医療分野においてどのような事例がヒヤリ・ハット事例としてとらえられ、どのような事例はヒヤリ・ハット事例には含まれないのか、その概略を述べる。

① 航空業務

　まず航空業務では、一度事故が発生してしまうと多数の人命に関わる可能性が高いことから安全確保に対して「求められる厳密度・正確性」は特に高いと言える。そのため、ヒヤリ・ハット事例の情報収集も組織的かつ積極的に行われている。航空業界でヒヤリ・ハット事例とされる事象の例として、

　「空港付近の上空で管制官の誘導ミスにより2機の旅客機が500m以内に接近して飛行したが、そのまま飛行して接触には至らなかった」

という事象が挙げられる。これは文字通り「Near miss」である。しかし、これが

　「空港付近の上空で管制官の誘導ミスにより2機の旅客機が500m以内に接近して飛行し、1機が急旋回し接触を免れた」

という事態になると、例え結果として負傷者が出なかったとしてもヒヤリ・ハット事例の範囲を超え「急旋回により事故を免れた」という意味から「重大なインシデント」として扱われる。つまり、負傷者の有無や物的損傷の有無に関わらず「事故回避のため通常ではない操作を必要とした」というプロセスがヒヤリ・ハット事例に当たるか、それ以上の問題事象なのかを決める基準となる。このことは、安全確保に対して「求められる厳密度・正確性」が特に高いことに基づいていると理解できる。

② 建設業界

次に、建設業界におけるヒヤリ・ハット事例の例として、

「クレーン車から建設用の鉄材が落下したが、作業員の外傷や機械の損害には至らなかった」

という事象が挙げられる。これが

「クレーン車から建設用の鉄材が落下し、近くにいた作業員に当たったが、幸い打撲で済み骨折等の外傷には至らなかった」

という状況であったとすれば、外傷の程度は軽微であっても、負傷者が発生したことから「軽微な外傷事故」に分類される。すなわち、建設業界などでは、「クレーン車から建設用の鉄材が落下した」というプロセスではなく、負傷者や大きな物的損害の有無という結果に基づきヒヤリ・ハット事例に当たるか、それ以上の問題事象なのかが判断される。

③ 医療分野

さらに医療の分野では、「ヒヤリ・ハット」という言葉が用いられることは少なく、一般に「インシデント」という用語が頻用されている。そして、そのインシデントの一例として

「看護師が入院中の患者さんに医師の指示とは異なる薬を内服させ、患者さんの血圧が低下したが、その後特に処置を行わずに安静にしていたら、自然に血圧も回復し、後遺症も残らなかった」

という事象が挙げられる。「誤った薬を患者さんに内服させた事」と「患者さんの血圧が低下した事」は決して許されることではないが、結果として一過性の血圧の低下に留まり、幸い患者さんに身体的な損失を残さなかったという結果に基づき、この事象は通常は「インシデント」とされ、「医療事故（アクシデント）」とは認知されない。ただし、

「看護師が入院中の患者さんに医師の指示とは異なる薬を内服させ、患者さんの血圧が低下したため、医師の指示で急いで点滴を追加したが、血圧低下のために脳の血流が減少して脳梗塞を合併し、右半

身の麻痺が残った」
という場合には、患者さんに身体的な損失を与えたことから明らかな「医療事故（アクシデント）」となる。近年、医療安全は医療の分野でも社会的にも大きな関心事となっており、医療の現場での安全確保に対して「求められる厳密度・正確性」が高いことは事実であるが、医療行為の大部分は人間の手を介して行われるため、投薬する薬の種類や用量の誤りなどは決して少なくない。したがって、投薬上のミスといったプロセスの誤り自体はその事象がインシデント事例に当たるか医療事故（アクシデント）に当たるかを決める基準にはならず、その事象の結果として「患者さんに長期的な身体的な損失を与えたか否か」がインシデント事例に当たるか医療事故（アクシデント）に当たるかを決定する判断基準となっている。

④　事故発生までの経過から見たヒヤリ・ハット

事故が発生するまでの過程を図3のように、①「行為のミス」または「設備・環境上の不具合」、②「危険な状況」、③「危険な事象の発生」、④「事故の発生」という4段階に分けてみると、航空業界のヒヤリ・ハット事例は①「行為のミス」または「設備・環境上の不具合」と②「危険な状況」の段階までを指し、もし③「危険な事象の発生」にまで至れば、すでにヒヤリ・ハットとは呼べず、「重大なインシデント」の範疇に入る（図4）。一方、建設業界では④「事故の発生」があっても、その結果が建設業界では「外傷を伴わない」または「大

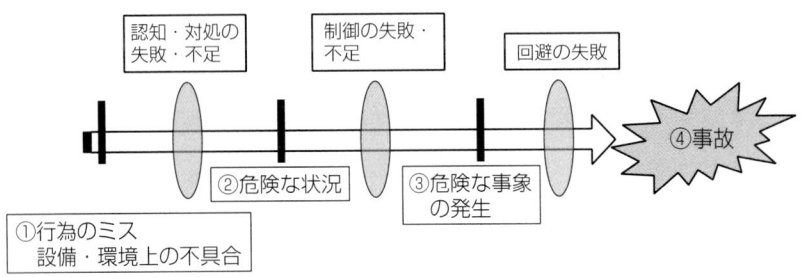

図3　事故が発生するまでの段階

1 ヒヤリ・ハットとは何か

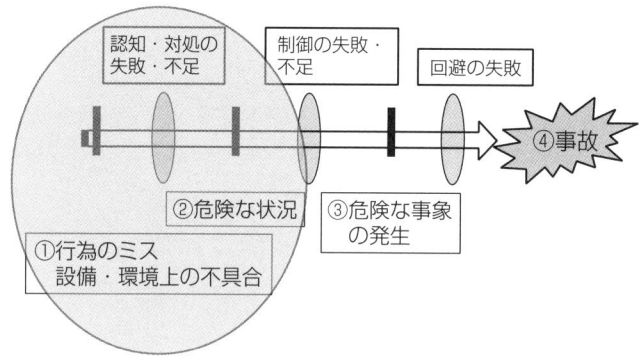

図4　航空業務でのヒヤリ・ハットの範囲

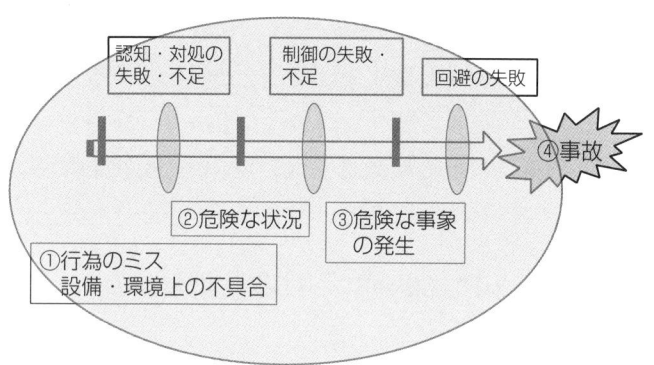

図5　建設業界でのヒヤリ・ハットの範囲

きな物的損害に至らない」ものであればヒヤリ・ハット事例として扱われる（図5）。さらに医療業界では④「事故の発生」があっても、その結果が「患者さんの明らかな身体的損害」に至らなければ「インシデント」として扱われる（図6）。

　繰り返しになるが、以上のようにヒヤリ・ハットの定義は、分野や領域における職務・責任・求められる厳密度・正確性などの相違と、各事例がもたらす結果によって、それぞれ異なっている。養護教諭の業務におけるヒヤリ・ハットの定義についても、このことを念頭に置き、検討する必要がある。少なくとも次の第2章「養護教諭の職務と

理論編

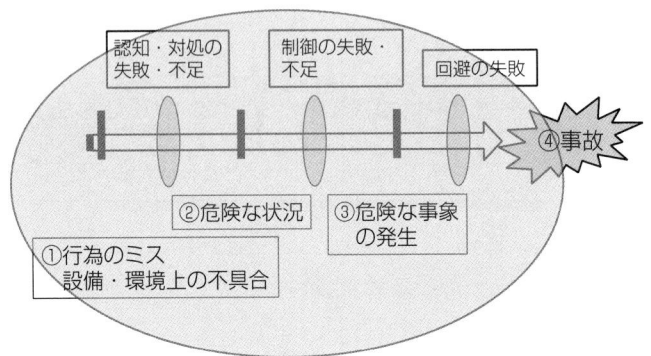

図6　医療におけるインシデントの範囲

ヒヤリ・ハット」に述べられている「生命にかかわるような事故ではない」、「障害を残すような事故ではない」、「訴訟になるような事故ではない」、「著しく学校の信頼を失うような事故ではない」ということが養護教諭の職務におけるヒヤリ・ハット事例の最低条件であることは明言できる。

(3) アレルギー関連事例における養護教諭の ヒヤリ・ハットとは？

　以上の通り、一言でヒヤリ・ハットと言っても、どこまでの事例がその範囲に属し、どのような事例については事故・過失として扱うべきか、その定義は容易には定められない。特に養護教諭においては、健康管理・衛生管理・応急対応などが主たる職務であり、医学的診断や治療は基本的に養護教諭の責務とは言えない。

　アレルギーへの配慮が必要な児童生徒は、近年増加傾向にあり、学校における食物アレルギーによる死亡事故が発生していることもあり、養護教諭のみならず学校全体がその対応に強く配慮する必要がある。学校および養護教諭に求められる児童生徒のアレルギーへの対応としては、

　①アレルギーの既往や原因に関する児童生徒の健康情報の把握・管

理

②アレルギーの既往のある児童生徒の原因物質などのアレルギー発生要因への接触の回避

③アレルギー症状発症時の応急対応

④アレルギー症状発症時の保護者への連絡と医療機関の受診

などが、主な必要事項として挙げられる。これらのいずれかに手違いがあり、アレルギー症状を発症してしまった、または発症しそうになった場合、およびアレルギー症状を発症した際の保護者への連絡や医療機関の受診において何らかの問題があった場合に、どのような事例がヒヤリ・ハット事例に属し、どのような事例は事故に相当するのか考える必要がある。

　以下はあくまで私見であり、論議を要するところではあるが、前述の「生命にかかわるような事故ではない」、「障害を残すような事故ではない」、「訴訟になるような事故ではない」、「著しく学校の信頼を失うような事故ではない」ということが養護教諭の職務におけるヒヤリ・ハット事例の最低条件であるということを踏まえれば、

　「アレルギー発作を起こしてしまっても、軽症で済み、医療機関を受診したとしても入院や休業に至らず、保護者からも深刻な苦情・訴訟などが発生しなかった」

事例を本書では原則としてヒヤリ・ハット事例として取り上げることとする。したがって、例えアナフィラキシー症状を発症した場合でも、早急にエピネフリン（エピペン®）を注射してすぐに症状が消退したならば、ヒヤリ・ハット事例としてよいと考える。

　本書でのアレルギー関連事例に関する説明や、事例紹介が、養護教諭の皆様が児童生徒のアレルギーへの対応を日々行っていくうえで役立つものとなることを願いたい。

（刈間　理介）

理論編

 養護教諭の職務とヒヤリ・ハット

(1) 「養護教諭のヒヤリ・ハット」と職務

　「ヒヤリ・ハット」と聞くと一般的に「命」に関わる事故の回避などと思いがちである。しかし、前述までのヒヤリ・ハット基礎知識からそれだけではないことが理解できよう。
　本書は、養護教諭が教育職員として職務の推進において経験したヒヤリ・ハットを「養護教諭のヒヤリ・ハット」として「　」でくくり一つの用語として論を進めることとする。
　そこで本書のスタンスとして「養護教諭のヒヤリ・ハット」の定義と定義設定の視点を以下に述べる。

> 　「養護教諭のヒヤリ・ハット」とは学校教育活動全体に関わる養護教諭の実践において「ヒヤッとしたり」「ハッとしたり」「失敗してしまった」が重大な事故等には至らなかった事象をいう。
> 　【定義設定の際に押さえた視点】
> ○養護教諭は学校に勤務する教育職員であること。
> ○養護教諭の実践は教育活動全体に関わっていること。
> ○養護教諭の職務「養護をつかさどる」は「児童生徒の健康を保持増進するすべての活動」とされ、それらの実践に関わり職務全般に関わること。
> ○また、「失敗してしまった」も含んでその対象と捉えたこと。

(2) 「養護教諭のヒヤリ・ハット」の定義の用語解釈

　まず「養護教諭」について改めて考えてみることとする。養護教諭の制度は、70年前（昭和16年）国民学校令で養護訓導を「教育職員」としてその職制が確立した（表1）。その後、昭和47年と平成9年の

保健体育審議会答申（以下「保体審答申」という。）、平成20年の中央教育審議会答申（以下「中教審答申」という。）において、養護教諭の職務や役割などが示された。「養護教諭のヒヤリ・ハット」を語る場合、まずは養護教諭の原点に戻り、養護教諭の「職」の特徴を踏まえてヒヤリ・ハットを考える必要がある。

(3) 養護教諭の「職」の特徴とヒヤリ・ハット

① 養護教諭は学校教育法に職務や配置等が規定された「教育職員」

すなわち養護教諭は、医学的知識や看護学的な技術を有した教育職員であり、生命に関わる事故はもとより教育者としての観点からの説明責任なども視野に入れる必要がある。

② 養護教諭の職務は学校教育法で「児童（生徒）の養護をつかさどる」と規定

「養護をつかさどる」は「児童生徒の健康を保持増進する全ての活動」（昭和47年保体審答申）と解釈されている。すなわち、養護教諭は子ども達の健康の保持（健康管理的活動）と増進（健康教育・保健指導的活動）の両面に関わっている。したがって、本書においては保健管理のみならず保健指導等の教育面におけるヒヤリ・ハットも範疇に入ることとなる。

③ 養護教諭の「役割」は審議会などで例示

平成20年中教審答申で養護教諭の「役割」として、昭和47年の保体審答申、平成9年の中教審答申に示されたとしている。それらを踏まえて、同答申では、救急処置、保健教育、健康相談活動、保健室経営、保健組織活動等が養護教諭の「役割」として例示された。さらに、注目すべきは養護教諭に学校保健活動推進に当たっての中核的な役割、関係職員や関係機関とのコーディネーターの役割、保健室については学校保健活動のセンター的役割を果たすことが指摘された。筆者はこれを先の職務に関わる具体的な役割と区別して機能的な役割として捉える。本研究会の調査からも他の教職員や学校医、学校歯科医、

理　論　編

表1　養護教諭の「職」の特徴

年代	昭和16年	昭和47年
職の名称	養護訓導	養護教諭
法的根拠	国民学校令　第15条	学校教育法　第28条
職　務	○養護訓導は「学校長の命を承け、児童の養護を掌る」	○養護教諭は児童の養護をつかさどる（7項）
職務・役割にかかわる「法律」および「審議会答申」「文部省主催研修」等	○教育審議会は、教育の制度・内容の在り方に関して審議し、「国民学校・師範学校及び幼稚園に関する件」を答申（昭和13年12月） ○養護訓導執務要領（訓令）昭和17年 2．養護訓導ハ児童ノ養護ノ為概ネ左ニ掲クル事項ニ関シ執務スルコト イ　身体検査ニ関スル事項 ロ　学校設備ノ衛生ニ関スル事項 ハ　学校給食其ノ他児童ノ栄養ニ関スル事項 ニ　健康相談ニ関スル事項 ホ　疾病ノ予防ニ関スル事項 ヘ　救急看護ニ関スル事項 ト　学校歯科ニ関スル事項 チ　要養護児童ノ特別養護ニ関スル事項 リ　其ノ他ノ児童ノ衛生養護ニ関スル事項	〈保健体育審議会答申〉 養護教諭は、専門的立場からすべての児童生徒の保健及び環境衛生の実態を的確に把握し、疾病や情緒障害、体力、栄養に関する問題等、心身の健康に問題を持つ児童生徒の指導に当たり、また、健康な児童生徒についても健康の増進に関する指導のみならず、一般教員の行う日常の教育活動にも積極的に協力する役割を持つものである。 ―略― また、養護教諭の養成数及び定員の計画的増加を図り、その配置を促進するとともに、児童生徒の健康の保持増進を目指す学校の今後の学校保健の要請にこたえ得るよう養成機関における教育課程の改善方策を検討 ―略―
免　許	教育職員免許法第5条　教育職員免許法施行規則第9条（養護に関
配　置	学校教育法第37条　小学校には、校長、教頭、教諭、養護教諭及び
勤務状況	学校の常勤として毎日勤務
保健室を運営	学校保健安全法第7条　学校には健康診断、健康相談、保健指導、

平成9年	平成20年
養護教諭	養護教諭
学校教育法　第28条	学校教育法　第37条
○養護教諭は児童の養護をつかさどる（7項）	○養護教諭は児童の養護をつかさどる（12項）
〈保健体育審議会答申〉 ○養護教諭の新たな役割 　近年の心の健康問題の深刻化に伴い、学校におけるカウンセリング等の機能の充実が求められるようになってきている。この中で、養護教諭は児童生徒の身体的不調の背景に、いじめなどの心の健康問題が係わっていること等のサインにいち早く気付く立場にあり、養護教諭のヘルスカウンセリング（健康相談活動）が一層重要な役割を持ってきている。	〈中央教育審議会答申〉 （養護教諭に関する記述の要約） 1　養護教諭は、学校保健活動の推進に当たって中核的な役割を果たしている。（略） 　○養護教諭の行う健康相談活動がますます重要となっている。（略） 2　養護教諭の職務は、学校教育法で「児童生徒の養護をつかさどる」と定められており、昭和47年及び平成9年の保健体育審議会答申に主要な役割が示されている。 （養護教諭の役割の例） ○救急処置、健康診断、疾病予防などの保健管理 ○保健教育　○健康相談活動　○保健室経営 ○保健組織活動 3　関係職員や関係機関のコーディネーターの役割 4　研修に関する内容 5　退職養護教諭の活用 6　保健指導、保健教育に関する内容 7　養護教諭配置に関する内容 8　いじめや児童虐待などの早期発見・早期対応を図る内容 9　保健室の経営に関する内容 　　保健室は学校保健活動のセンター的役割
する科目）同第10条（教職に関する科目）	
事務職員を置かなければならない。	
救急処置その他の保健に関する措置を行うため、保健室を設けるものとする。	

（三木とみ子、2012作成）

学校薬剤師などとの連携不足から多くの「養護教諭のヒヤリ・ハット」を経験している実態から、これらの役割を念頭において検討すべきである。

④ 養護教諭の勤務場所は「学校」

養護教諭は、「学校」という場のみに所属する「職」である。また、子ども達がけがや様々な心身の身体的不調を訴えて来室する「保健室」という場の経営の責務を負っている。すなわち、学校保健活動のセンター的役割を担う保健室経営の観点から、例えばそこで取り扱う個人情報やメモリースティックの管理なども視野に入れたヒヤリ・ハットの対応も念頭において置く必要がある。

⑤ 50年ぶりに大幅に改正された学校保健安全法とヒヤリ・ハット

昭和33年から50年ぶりに改正された学校保健安全法ではとりわけ第5条の学校保健計画の盛り込むべき3項目、および保護者への周知等第8条心身の健康相談、第9条の養護教諭が中心となって行う保健指導、第10条の関係者や機関との連携等は、今後の養護教諭の職務推進上新たな認識を持って当たるべき条文である。さらに、第26条における安全に関わる「事故」「加害行為」「災害」を「事故等」と呼ぶことの用語解釈、さらに第29条では「危険等発生時対処要項」を各学校において作成することが規定された。これらは、ヒヤリ・ハットの対応も含めた保健室経営を行う上で十分な関連を持たせることは言うまでもない。

以上養護教諭の「職」の原点に帰って、その特徴とヒヤリ・ハットとの観点から述べた。

(4)「教育活動全体」について

定義の記述にある「教育活動全体」とは、まさに文字が示す通り学校という場で展開する全ての場面におけるヒヤリ・ハットである。ともすれば、「養護教諭のヒヤリ・ハット」というと救急処置時や保健室における病気等のヒヤリ・ハットとして狭義の解釈をしやすい。し

かし、本書における「養護教諭のヒヤリ・ハット」は保健室経営のみならず、教育職員であり、しかも児童生徒の健康の保持増進に関わる全ての活動に関わることから教育活動全体を視野に置くとした。

(5)「ヒヤッとしたり」「ハッとしたり」について

本研究会が実施した調査によると養護教諭が日々の実践においてヒヤッとしたりハッとしたり、失敗してしまったが大事に至らなくてホッと胸をなで下ろしたような事象を9割以上の養護教諭が経験している。すなわち、養護教諭が体験したヒヤっとしたりハッとしたりした素直な経験の事実を「養護教諭のヒヤリ・ハット」とした。

これってヒヤリ・ハット？―その1、健康診断での場合―

「健康診断中でヒヤッとしたりハッとしたりしたのであれば、単に『健康診断実施の際の留意事項』とすればいいのではないか」という考え方に対して、本書の考え方は、確かにそのような解釈もあるが養護教諭が職務実践においてヒヤッとしたりハッとしたりした事実をあえて「ヒヤリ・ハット」とすることによって繰り返しの失敗等の回避につながることを意図し、これを「養護教諭のヒヤリ・ハット」の用語とすることとした。

---

(6)「失敗してしまった」について

定義の中で「失敗してしまったこと」について、「ヒヤリ・ハット」と並列で述べた。医療現場等ではこのような使われ方はしない。しかし、先に述べたように養護教諭は児童生徒の健康を保持増進するすべての活動に関わっている。したがって教育的観点から大きな事故に至らず失敗してしまった事象も含め「養護教諭のヒヤリ・ハット」とした。

(7)「重大な事故に至らなかった」ことについて

ここで言う重大な事故とは、「生命に関わるような事故、障害を残すような事故、訴訟になるような事故、著しく信頼を失うような事故」

理 論 編

を想定し、それに至らずに回避したことを意味する。また「事故」に至ってしまったそれが、重大な事故に至らなかった場合もこれに含む。

> **これってヒヤリ・ハット？―その２、熱傷処置の対応の場合―**
> 　子どもがやかんからこぼれたかなり熱い湯を腕にあびてしまった。養護教諭は、冷却、感染予防等適切な処置をした。結果第Ⅰ度熱傷となり事なきをえた。「これは、ヒヤリ・ハットではなく『事故』ではないのですか」という質問があった。これに対して本書では、適切な処置を実施した結果もしかしたら瘢痕が残る大けがになったかもしれないことが考えられ、それを回避した。したがってこれを「養護教諭のヒヤリ・ハット」とした。

(8) 学校の危機管理とヒヤリ・ハット

　円滑なしかも充実した学校運営のために、多くの学校で「危機管理マニュアル」等を作成し、様々な危険などいざという時の対応マニュアルを作成し危機に備えている。ヒヤリ・ハットについても、この危機対応と密接に関連させ、それらが相互に有効に働く必要がある。各学校で作成されているマニュアルを吟味し、ヒヤリ・ハット対応をすべきである。また、保健室経営にも「養護教諭のヒヤリ・ハット」を意識し、職務全般に関わるヒヤリ・ハット対応を充実する必要がある。

(9) アレルギーによるヒヤリ・ハットを取り上げたことについて

　学校保健統計調査やアレルギー疾患調査等の報告によると近年喘息、アトピー性皮膚炎、アレルギー性鼻炎・アレルギー性結膜炎、食物アレルギー、アナフィラキシー等アレルギー疾患が増加している。加えて食物アレルギーによる死亡事故などが起き、大きな社会問題となっている。また、死亡には至らなかったが、適切な対応によって「ヒヤッとしたり」「ハッとしたり」したが重大な事故に至らなかった事例が多く見られる。これらの個人として経験した対応例に学ぶこ

とが多くある。
　学校におけるアレルギー対応は、すべての教員が対応の基本を周知しておくべきことである。とりわけ養護教諭は
　○教育職員として、教育観点から対応できること。
　○学校保健の管理や保健指導の中核的役割を担うこと。
　○医学的、看護学的知識技術の専門性を有していること。
　○学校医や地域の医療機関と適切、タイムリーな連携がとれること。
　○個別指導および集団の指導の両面から対応できること。
　○保健管理と保健（健康）教育の両面から対応できること。
等の職の特質を生かした取り組みが可能であり、期待されているのである。

　　　　　　　　　　　　　　　　　　　　　　（三木　とみ子）

理論編

アレルギーの基本的理解

(1) アレルギーとは

　アレルギーとは、通常の生活では無害である外部からの抗原に対し免疫反応を起こしてしまう疾患である。アレルギーは、その発生機序により次のⅠ型からⅤ型に分類される。

①Ⅰ型アレルギー：IgEというタイプの免疫グロブリンが白血球に結合し、そこに抗原が結合するとこれらの細胞がヒスタミン、セロトニンなどの生理活性物質を放出する。その結果、血管拡張や血管透過性亢進などが起こり、浮腫、掻痒などの症状があらわれる。アレルゲンが体内に入った直後から数時間以内という短い時間で症状が出るタイプを即時型といい、代表的な疾患としては、アトピー性皮膚炎、アレルギー性鼻炎、気管支喘息、食物アレルギー、薬物アレルギー、じんましん等が挙げられる。

②Ⅱ型アレルギー：IgGというタイプの免疫グロブリンが、抗原を有する自己の細胞に結合し、それを認識した白血球が細胞を破壊する反応である。代表的な疾患としては自己免疫性溶血性貧血（AIHA）、特発性血小板減少性紫斑病（ITP）、悪性貧血、リウマチ熱、重症筋無力症、橋本病、円形脱毛症などが挙げられる。

③Ⅲ型アレルギー：免疫反応により、免疫複合体（抗原・抗体・補体）が形成される。この免疫複合体が血流に乗って流れた先で、周囲の組織を傷害する反応である。代表的な疾患としては、全身性エリテマトーデス（ループス腎炎）、急性糸球体腎炎、関節リウマチ、過敏性肺臓炎、リウマチ性肺炎、多発性動脈炎、アレルギー性血管炎、シェーグレン症候群が挙げられる。

④Ⅳ型アレルギー：抗原と特異的に反応した感作T細胞から、マク

ロファージを活性化する因子などの様々な生理活性物質が遊離し、周囲の組織傷害を起こす。代表的な疾患としては接触性皮膚炎（漆かぶれなど）、ツベルクリン反応、移植免疫、腫瘍免疫、シェーグレン症候群、感染アレルギー、薬剤性肺炎、ギラン・バレー症候群が挙げられる。
⑤Ⅴ型アレルギー：受容体に対する自己抗体が産生され、その自己抗体が受容体を刺激することで細胞から物質が分泌され続けるために起こる。代表的疾患はバセドウ病である。

(2) アナフィラキシーショックとは

Ⅰ型アレルギー反応の一つでIgEがアレルゲンと結合して血小板凝固因子が全身に放出され毛細血管拡張を引き起こすためにショックに陥る。食物・薬物・ハチ毒が原因となることが多い。特異的なものに、ラテックスアレルギーや運動誘発性アレルギーなどがある。運動誘発性アレルギーは、運動が契機となってアナフィラキシー状態が引き起こされる病気で、激しい運動を開始して5～10分で引き起こされることが多い。まれに運動をやめた後、または散歩などの軽い運動で起きることもある。

また、特定の食物を摂取した後に運動すると起こる場合には、食物依存性運動誘発アレルギーという。治療としては、抗ヒスタミン薬や、それ以上の進展を防ぐために副腎皮質ステロイド薬の内服を行い安静にさせる。ショック症状が出現した場合には、迅速に緊急治療ができるようにエピネフリン自己注射を常時携行することが望ましい。なお、既往がある場合には、発作を誘発する運動を避けたり、運動の前に特定の食品を食べると症状が出る場合は、その食品を食べないよう指導する。また、発症を防ぐために運動前に予防薬（ベータ刺激薬やクロモグリク酸）を使用することができるので主治医と相談する。

① アナフィラキシー症状
以下に代表的な症状を示した。

【皮膚の症状】じんましん、掻痒感、発赤
【粘膜の症状】口唇・舌・口腔内の腫脹、眼瞼の腫脹
【呼吸器の症状】息切れ、咳嗽、呼吸音の異常（喘鳴など）
【消化器の症状】腹痛、嘔吐
【その他】血圧低下、失神、失禁

② アナフィラキシーショックの可能性が高い場合

下記ⅰ～ⅲのうちのいずれかの場合に可能性を疑う。

ⅰ 抗原とわかっているものに触れたり、飲食した数分～数時間後に血圧の低下がみられた場合

ⅱ 抗原と疑われるものに触れたり、飲食した数分～数時間後、①に示した症状のうち2つ以上が突然出現した場合

ⅲ 突然（数分～数時間）、皮膚や粘膜の症状があらわれ、さらに、呼吸器系の症状あるいは血圧低下など、少なくとも1つの症状がある場合

(3) 学校での対応と課題

① アレルギー疾患に関する国や県等の対策

児童生徒のアレルギー疾患の増加に伴い、文部科学省は、平成16年に調査研究委員会を設置し、小・中・高等学校に対する実態調査から、「アレルギー疾患はまれな疾患ではなく、学校やクラスに各種のアレルギー疾患をもつ児童生徒がいることを前提とした学校保健の取組が求められる（平成19年）」との報告書を取りまとめた[1]。さらに、公益財団法人日本学校保健会に有識者からなる委員会を設置し検討した結果、「学校生活管理指導表（アレルギー疾患用）」及び「学校のアレルギー疾患に対する取り組みガイドライン（平成20年）[2]」を作成、活用を勧めてきた[3]。それにもかかわらず、平成24年12月に、食物アレルギーを有する児童が、学校給食終了後にアナフィラキシーショックの疑いにより亡くなるという事故が発生した。この事故を受け、食物アレルギーの対応については、学校だけでなく社会的にも大きな課

題として改めて認識されるに至った。そこで、文部科学省は、平成25年5月に「学校給食における食物アレルギー対応に関する調査研究協力者会議」を設置し、食物アレルギーに関する実態調査をはじめ、総合的・専門的な観点から検討、平成26年3月に最終報告書[4]を公表した。報告書からは、先の調査（平成16年）と比較し、児童生徒の食物アレルギーが4.5％（H16年の1.7倍）、アナフィラキシーの既往が0.5％（H16年の3.6倍）に増加したこと、エピペン®保持者が0.3％（前回調査なし）に及ぶことだけでなく、学校での食物アレルギーに関する取組みに様々な課題があることがわかる。なかでも、課題を総括的に捉えると「ガイドライン」の主旨が徹底されていないことが最大の要因と分析され、各学校（および校内での担当者）単独の取り組みにすべて任せることなく、文部科学省、都道府県・市町村教育委員会等においては、それぞれの立場で取り組みを進め、学校の食物アレルギー対応を支援する体制が必要不可欠とした。一方、前述のような死亡事故に至らないまでも、年々増加する食物アレルギー児童生徒と発症事故、エピペン®保持者の対応等に直接あたってきた養護教諭は、常に不安と困難感を抱いてきたという経緯がある[5]。

② 学校における食物アレルギー対策マニュアルの作成と改訂について

前述を踏まえ、文部科学省は、ⅰ食物アレルギー児童生徒に対し、学校生活管理指導表の提出を強力に推進すること、ⅱアレルギーに関する緊急時対応については初任者研修や免許更新講習に位置づけることを検討すること、ⅲ事故や事故未遂（ヒヤリ・ハット）の情報収集・分析・共有が継続的にできる仕組みを検討すべきこと等の役割を担うことを示した。一方、都道府県・市町村教育委員会については、ⅰ「ガイドライン」や学校生活管理指導表の活用促進とともに管内学校の状況を踏まえ一定の方針を示すこと、ⅱ各学校で行う研修会に際し講師依頼の窓口機能を担うこと、ⅲ全教員が各自に応じたアレルギー対応について学ぶ機会を提供すること等の役割を担うことを示した。

理論編

これを受けて、都道府県・市町村教育委員会では、管内の各学校に対し、より具体的なマニュアルや手引きを作成（または改訂）している[6)~11)]。また、インターネットから全ページダウンロードできるものも複数ある。新たなマニュアルについて特筆すべきことは、食物アレルギーのある児童生徒の把握から対応までの一連のプロセスが具体的でわかりやすく示されたことであり、各プロセスで必要な文書の雛形が掲載されスムーズに仕事が運ぶよう工夫されていることである。

③ 食物アレルギー以外のアレルギー対応

後に紹介する本書のヒヤリ・ハット事例編では食物アレルギーが最も多いがその他にも花粉症アレルギー、金属アレルギー、薬品アレルギー、動物アレルギー、蜂アレルギー等様々な事例が取り上げられている。これらについても基本的対応は先に挙げた「学校のアレルギー疾患に対する取り組みガイドライン（平成20年）」に基づいて対応する必要がある。

本書は、あくまでもヒヤリ・ハットの観点からその対策をどのようにすべきかを述べている。様々なアレルギー疾患に対する基礎知識などは事例編の「これだけは！押さえておきたいワンポイント」として述べている。

（遠藤　伸子）

(4) 養護教諭の対応と課題

① 養護教諭の不安や困難感からみえる学校におけるアレルギー対策の現状と課題

平成24年12月に起きた学校給食を起因とする小学5年女児の死亡事故以降、学校現場は食物アレルギーを有する児童生徒の対応に不安を抱えている。とりわけ事が起きた後の対応を任されることが多い養護教諭にとっては不安が大きい。

平成20年の文部科学省発刊のガイドラインにおいて、アレルギー疾患用の学校生活管理指導表をもとに対応を進めるよう指針が打ち出さ

れたが、実際の対応に際し、学校生活管理指導表の提出を学校から求めても、保護者や医師がその重要性を認識していないなど、多くの困難を抱えている現状がある[12]。校内研修については、エピペン®処方者が在籍していても、教職員対象の校内研修を実施していなかったり、時間の確保や講師を招くことが困難な状況にあることがうかがえる[12]。また、実際に食物アレルギーを有する児童生徒への対応は養護教諭を中心として行われているが[13]、教職員の理解や協力なくしては、円滑な対応の実現および緊急時の救命活動は困難である。一方、学校現場では食物アレルギーだけでなく、動物、ハチ毒、薬品、金属、化学物質等を原因とするアレルギーの身体症状の発症も報告されている。それらのアレルゲンも含めた、アレルギー疾患を有する児童生徒の管理と指導および緊急時の対応について具体的に検討することが喫緊の課題と言える。なかでも、対応に携わる全教職員のアレルギー疾患やエピペン®に対する意識を高めることは、エピペン®処方者は勿論、アナフィラキシーを有する児童生徒の安心で安全な学校生活の実現のためには最重要である。

② アレルギー対策で養護教諭に求められる役割

学校におけるアレルギー疾患への対応については、平成20年に文部科学省より発刊された「学校のアレルギー疾患に対する取り組みガイドライン」という国の指針のもと、各地域でマニュアルが作成されていることは前述の通りである[14]。しかし、個々の学校において実際の対応を行うには、給食の提供方法や児童生徒の個々の特性や重症度が異なるため、その方法は決して一筋縄ではいかない。対応に際しては、主治医の指導の下、医学的知見を踏まえることも必要不可欠であるが、当該児童生徒と学校の実情に最も精通している養護教諭が主体となって行うことで、より学校と個々の児童生徒の実態に即した対応ができると考える。アレルギー疾患への対応を考える上で、養護教諭の専門性や職務の特質を活かした危機管理の観点は欠かせない。そこで、アレルゲンへの暴露を事前に予知し、誤食や誤飲事故、接触およ

理論編

び吸入などを未然に防ぐ「リスク・マネジメント」[15]と、万が一事件や事故が発生した際に被害を最小限に抑え、再発防止に向けた対策を講じるための「クライシス・マネジメント」[15]の観点から、養護教諭に求められる対応について述べる。

〈リスク・マネジメント〉

ⅰ 児童生徒の実態の把握

アレルギーを有する児童生徒を保健調査票より把握するとともに、学校生活において配慮が必要な場合は、保護者へ医療機関の受診を促し、「学校生活管理指導表（アレルギー疾患用）」の記載を依頼する。なかには、学校生活管理指導表の提出を義務づけていない学校も存在する。しかし、医師の正しい診断と指導は、児童生徒の健全な発育や、子どもを取り巻く保護者および学校関係者の負担を最小限にするためにも必要不可欠である。

ⅱ 保護者との面談の実施

記載した学校生活管理指導表をもとに、保護者との面談を実施する。主な出席者は、保護者・学級担任・管理職・栄養士（栄養教諭）・養護教諭らである。管理指導表の記載事項の確認は勿論であるが、既往歴や発症時のアレルゲンへの暴露の程度や症状とその経過など、書面上では不明瞭な点を具体的に聴取する。また、学校に持参する処方薬やその使用のタイミングを確認することや、緊急時の保護者の連絡先および緊急搬送先等も確認することが必要である。

ⅲ 校内アレルギー対応委員会の開催

学校長や栄養士（栄養教諭）、養護教諭らからなる校内委員会を開催し、当該児童生徒の具体的対応について検討を行う。緊急時の対処要領の確認を行い、校内の連絡体制や救急隊および保護者への連絡方法について、管理職や養護教諭不在時も含め想定しておく。また、各教職員の役割をフローチャートやカードを作成し、より明確にしておくことが望ましい。

iv 教職員への情報共有

アレルギー症状はいつ何時どこで発症するかわからないことから、当該児童生徒の情報および対応方法は職員会議等であらかじめ全教職員で共有しておくことが不可欠である。その際には、個人情報の取り扱いに充分留意することは勿論、あらかじめ保護者に同意を得ておくことが望ましい。

v 教職員を対象とした啓発研修会の企画と開催、その評価

学校生活中にアレルギー症状を発症する際、最も児童生徒の身近にいるのは学級担任である。実際に食物アレルギー発症時の発見者は本人に次いで学級担任に多かったとの報告[16]があることからも、養護教諭のみならず学級担任ら教職員も正しい知識と手技を身に付け、有事に備えることが必要である。そのためには養護教諭による啓発研修会の企画、および研修会の開催が望まれる。以下にその例を示す。

【教職員研修会の企画と実施および評価の例】

1　研修会の企画・立案

【保護者との面談の実施】正確な情報の収集と個人情報開示の承諾
・アレルゲンや児童生徒の主症状、搬送先などの再確認
・教職員への情報開示について了承を得る
【事前準備】
・日程の調整と研修時間の確保
・参加可能な人数の把握
・エピペン®トレーナーの借用（教育委員会もしくはファイザー製薬）

2　研修会の実施

【研修の内容例】
・食物アレルギーおよびアナフィラキシーショックの病態と症状
・エピペン®の理解（薬効や副作用、使用方法）
・教職員が行うエピペン®の注射代行について
・エピペン®の使用方法および使用するタイミング（図1参照）
・救急車到着までの処置および対応（児童生徒の体位と蘇生）

理論編

- ・事例に基づいたシミュレーションの実施
- 【効果的な研修会にするための留意点】
- ・アレルギーの病態と症状は、実際の症状の画像や呼吸器症状の音声等を用いると効果的である
- ・エピペン®の使用方法では、エピペン®トレーナーを使用し、全教職員が手技を体験しておくことが望ましい
- ・エピペン®を注射するタイミングは、主治医の指示、もしくは「一般向けエピペン®の適応」（小児アレルギー学会）に基づき、具体的な症状を明示して伝える
- ・注射をためらい注射が遅れると命に関わるため、症状の判断が難しい場合は、「迷ったら打つ」ことを強調して伝える
- ・シミュレーションは役割分担を明確にした上で実施する（図2参照）

3　研修会の評価

【評価の観点】
- ・注意を要する子どもの情報と対応について、職員全員で共通理解を図ることができたか
- ・緊急時の対応について職員全員が確認することができたか
- ・アレルギー疾患の知識と危機管理に対する意識が高まったか
- ・エピペン®の注射の方法とタイミングについて理解が深まったか

※評価の明確化のため、研修会の前後にアンケートを実施することが望ましい

4　改善と継続

【研修会の改善と定期的な啓発】
- ・評価の結果、理解の不足がみられた項目について内容の改善を行う
- ・緊急時の対応方法や児童生徒の情報に変更が生じた際は、その都度教職員に啓発を行う
- ・職員の異動なども加味し、最低でも年に一度は研修会を実施する

3　アレルギーの基本的理解

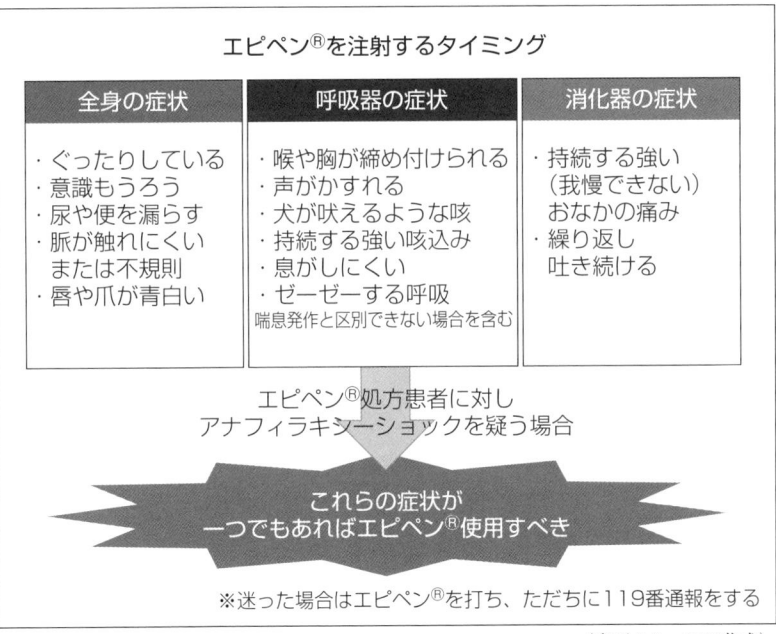

```
エピペン®を注射するタイミング

┌─────────────┬─────────────┬─────────────┐
│  全身の症状  │ 呼吸器の症状 │ 消化器の症状 │
├─────────────┼─────────────┼─────────────┤
│・ぐったりしている│・喉や胸が締め付けられる│・持続する強い│
│・意識もうろう│・声がかすれる│　（我慢できない）│
│・尿や便を漏らす│・犬が吠えるような咳│　おなかの痛み│
│・脈が触れにくい│・持続する強い咳込み│・繰り返し│
│　または不規則│・息がしにくい│　吐き続ける│
│・唇や爪が青白い│・ゼーゼーする呼吸│　│
│　　　　　　　│喘息発作と区別できない場合を含む│　│
└─────────────┴─────────────┴─────────────┘

エピペン®処方患者に対し
アナフィラキシーショックを疑う場合
　　　　　　　↓
これらの症状が
一つでもあればエピペン®使用すべき

※迷った場合はエピペン®を打ち、ただちに119番通報をする
```

（安西ふみ、2015作成）

図１　エピペン®を注射するタイミング

vi　給食以外の学習活動および校外学習時の体制整備

　アレルギーを有する児童生徒に対しては、給食以外に飲食をする家庭科の学習や校外学習、宿泊学習などの学校行事の際にも留意が必要である。特に校外学習などの際には、事前に保護者および学級担任らと面談を実施するか、電話等で連絡を取り合い、緊急時の連絡先や旅先での搬送先、持参薬と服用のタイミング等を確認する。また、事前に行う引率職員との打ち合わせの際に情報を共有するとともに、お菓子や食事の際の除去対応や校外における救急体制の確認を綿密に行う。また、当日に除去食の対応が必要な際には、必要に応じて学級担任らとメニューの確認を行うとともに、当日の健康観察を入念に行う。

〈クライシス・マネジメント〉

i　早期発見

　即時型の食物アレルギーは病状の進行が非常に早いため、迅速な対

緊急時における教職員の役割分担

発見者【経過観察】
- 必ず子どもの側から離れない
- その場に他の教職員を集める（子どもを使い助けを呼ぶ）
- 他の教職員に【連絡・報告】【準備】【記録】を依頼
- 児童生徒の経過を慎重に観察

教職員①【連絡・報告】
- 管理職を呼び、報告
- 119番通報と救急車の要請
- 保護者へ連絡

管理職【監督・指揮】
- 職員を集め現場へ向かう
- 対応全体の指揮を執る
- 要所での判断を行う
- 他の教職員へ役割を指示

教職員②【物品準備】
- エピペン®や内服薬の準備
- AEDの用意
- 保健調査票等の準備

教職員④〜【その他】
- 他の児童生徒への指示
- 各役割の補助
- 救急車の停車場所を確保
- 救急隊の誘導
- 保護者の誘導

教職員③【記録】
- 5分ごとに症状と経過を記録
- 服用した時刻を記録
- エピペン®使用時刻を記録

現場に居合わせた教職員全員【介助・介抱】
- ○内服薬があり、使用できる状態の場合
  → 服薬の介助
- ○エピペン®の使用を要する場合
  → エピペン®を使用、または注射の介助
- ○意識や呼吸がない場合
  → 心肺蘇生の実行やAEDの使用

（安西ふみ、2015作成）

図2 緊急時における教職員の役割分担

応のためには早期発見が何よりも重要である。小学校低学年の児童らは自らの体調の変化が食物アレルギーによるものだと気付けない者もいるが、誤飲・誤食が明らかでない場合であっても、みるみるうちに病状は進行していくため、"普段と比べて、なんとなく様子がおかしい"という周囲の教職員の気付きは非常に重要である。特に、昼休み等の給食後の急な体調の変化には注意が必要である。

ii アセスメントと適切な判断

バイタルサインの測定とともに、皮膚の視診や呼吸音の聴診を行い、子どもの全身状態から総合的に重症度と緊急度を判断する。呼吸器症状やショック症状が進行すると、自らのつらさを訴えることができなくなるため、客観的な指標を得るためにはパルスオキシメーターを用いることも有効である。本人もしくは周囲の児童生徒や学級担任への問診を行い、何をどれだけ摂取したのか、アレルゲンへの暴露状況を可能な限り明らかにしておくことも、後の対応に関わってくるため重要である。

iii 記　　録

問診で聴取した内容やバイタルサインの数値、その後の経過や服薬の時間などをできるだけ時系列にして記録として残しておくことで、後に救急隊や医療機関を受診した際の重要な治療の根拠となるとともに、スムーズな申し送りにより、迅速な医療の開始につながる。後に振り返るためにも、保護者へ連絡した時間や、119番通報した時刻なども可能な限り詳細に記録として残しておくことで、万が一問題が生じた際の説明資料にもなる。

iv 校内緊急体制に基づいた教職員間の連携

既存の緊急時の対処要領に基づき、迅速に他の教職員と連携をとる。管理職へは可能な限り早期に報告が上がるようにし、緊急時の指示を仰ぐとともに、養護教諭としての知見から医療機関の受診等について助言を行う。この際、教職員のうち必ず一人は子どもの側にいるよう留意する。

v 内服薬やエピペン®、119番通報の準備

内服薬やエピペン®を処方されている児童生徒であれば、その後の症状の進行に備え、所定の位置から手元へ準備をしておく。万が一の心肺停止に備え、AEDも手元に準備しておくことが望ましい。経過観察をその都度行い、あらかじめ決めてある内服やエピペン®注射のタイミングを逸しないよう留意する。もし、エピペン®処方者に対し注射のタイミングを迷うような容態であれば、手遅れになる前に「迷ったら打つ」という意識を常に念頭に置くことが重要である。万が一エピペン®を注射する場合は、119番通報を速やかに行い、救急車を呼ぶ手配も必要である。緊急搬送先があらかじめ決まっている場合は、この時通報の際に救急隊の指令隊へ伝えておくと、搬送を速やかに行うことができる。

vi 保護者への連絡

学級担任、もしくは必要に応じて養護教諭が保護者へ連絡をとる。その際、保護者にとっては現在の子どもの状態が最も気がかりであるため、事実を簡潔に伝える。また、報告者自身が動揺していると、保護者の不安を煽る可能性があるため、落ち着いて、要領を得た説明を行うよう心掛けることが重要である。症状が軽く、重症度および緊急性が低いと判断したものであっても、その後容態が急変することに備え、必ず保護者に連絡を取る。

vii 対応の振り返りと共有

対応の記録を参照し、原因や対応の振り返りを行う。その際、なるべく対応を時系列にして表すことで、迅速で的確な判断および対応が行えていたかを客観的に振り返ることができる。第一発見者や全体の指揮者など、役割ごとに対応の振り返りを行い、今後に活かす。また、校内で発症したアレルギーの症例について、教職員間で共有することは勿論、地域の養護教諭部会などでも共有し対応について協議するとよい。

viii 危機管理体制および学校生活管理指導表の見直し

対応の振り返りをもとに、校内の危機管理体制や連携の在り方について、アレルギー対応委員会などで協議し、見直しを行う。必要に応じて緊急時の対処要領を変更したり、学校生活管理指導表を一度家庭に戻し、再び医師の指導を仰ぐことも、よりよい危機管理体制の整備には必要である。

③ おわりに

学校におけるアレルギー疾患への対応にあたっては、食物はもちろん、ハチ毒や薬品、金属や化学物質などをはじめとした種々のアレルゲンに対してアレルギーを有する児童生徒が存在する。なかには、重度のアナフィラキシーショックの既往があり、エピペン®などを所持する者などもおり、学校での対応を一歩間違えば、子どもの命に直結するといっても過言ではない。

学校での対応を確実で安全なものにするためには、文部科学省や行政の定めた指針に基づき、基礎基本を踏まえた上で、個々の児童生徒や学校の実態に即した対応を考えることが必要である。その際に期待されるのが、養護教諭の果たす役割である。養護教諭がその専門的知見を充分に活かし、中核的役割を果たすことも必要だが、保護者や主治医らの理解や力添えあっての学校生活であることも忘れてはならない。そのため、養護教諭は学校・保護者・医師らの中でコーディネーター役を進んで担い、三者の共通理解の下、チーム一丸となって連携し、食物アレルギーを有する児童生徒の対応や指導にあたることで、より一層学校における食物アレルギー対応が組織的に機能する。アレルギーを有する子どもであっても、可能な限り他の児童生徒と遜色なく、楽しく安全な毎日の学校生活を送るためにも、養護教諭の果たす役割は大きな要となる。

(安西　ふみ)

理論編

【引用・参考文献】

1) 文部科学省スポーツ・青少年局：「学校のアレルギー疾患に対する取り組みガイドライン」について、2008年6月
2) 日本学校保健会：学校のアレルギー疾患に対する取り組みガイドライン、2008年3月
3) 文部科学省スポーツ・青少年局：今後の学校給食における食物アレルギー対応について（通知）、2014年3月
4) 学校給食における食物アレルギー対応に関する調査研究協力者会議：今後の学校給食における食物アレルギー対応について、2014年3月
5) 安西ふみ、遠藤伸子：エピペン処方児童生徒に対する学校対応の課題—養護教諭へのインタビュー調査より—、食物アレルギー研究会会誌 Vol. 14 No. 1、p. 24
6) 千葉市教育委員会：学校における食物アレルギー対応の手引き、2014年3月
7) 兵庫県教育委員会：学校におけるアレルギー疾患対応マニュアル、2013年3月
8) さいたま市教育委員会：学校給食における食物アレルギーの手引【改訂版】、2014年3月
9) 東京都アレルギー疾患対策委員会：食物アレルギー緊急時対応マニュアル、2013年7月
10) 愛知県教育委員会：学校給食における食物アレルギー対応の手引き、2010年3月
11) 横浜市教育委員会：アレルギー疾患の児童生徒対応マニュアル、2011年3月
12) 安西ふみ、遠藤伸子：エピペン処方児童生徒に対する学校対応の課題—養護教諭へのインタビュー調査より—、食物アレルギー研究会会誌 Vol. 14 No. 1、p. 24
13) 長岡徹、園部まり子：学校における食物アレルギー対応の課題、日本小児難治喘息・アレルギー疾患学会誌、8、231-238、2010年
14) 日本学校保健会：学校におけるアレルギー疾患に対する取り組みガイドライン、2008年
15) 日本養護教諭教育学会：養護教諭の専門領域に関する養護の解説集〈第二版〉、2012年
16) 今井孝成：学校給食において発症した食物アレルギーの全国調査、日本小児科学会雑誌、110、1545-1549、2006年

4 アレルギーに関するヒヤリ・ハットの実態

(1) 内科的救急処置におけるヒヤリ・ハットの実態

2007年に調査した養護教諭の職務実践におけるヒヤリ・ハットの実態調査では、14の職務場面においてヒヤリ・ハット事例が報告された。14の職務場面とは、表1の通りである。

内科的な救急処置におけるヒヤリ・ハット事例には、熱中症の鑑別や対応に関する事例、腹痛（虫垂炎、便秘、腸炎等）の鑑別に関する事例、保健室での休養のさせ方や教室復帰、早退や帰宅のさせ方に関する事例、アレルギーに関連する事例が複数挙げられた。2007年当時は、現在のように、アレルギー対応に関する議論が表面化されていな

表1 ヒヤリ・ハット経験の職務場面分類別事例数

n＝1079

	職　務　場　面	事例数	％
1	外傷的救急処置	338	31.3
2	内科的救急処置	157	14.6
3	健康診断	229	21.2
4	学校医との連携	17	1.6
5	保護者との連携	20	1.8
6	学校環境衛生	34	3.2
7	保健文書・情報管理	72	6.7
8	手続き・報告業務	34	3.2
9	宿泊行事・遠足・運動会・マラソン大会等学校行事	87	8.1
10	保健指導等授業参加および実施	31	2.9
11	保健室運営管理	19	1.7
12	メンタルヘルス	9	0.8
13	予防接種（ツベルクリン反応検査を含む）	20	1.8
14	その他	12	1.1
	合　　　　計	1,079	100.0

理 論 編

かった。しかし、ヒヤリ・ハット事例には、食物や運動に起因したアレルギーに関連する事例や、原因物質はよくわからないがアレルギー症状を呈した事例が複数挙げられていた。アレルギー既往のない子どもがアレルギー様症状を呈して保健室に来室した際、判断や対応に「ヒヤッとしたり、ハッとする」経験をもつ養護教諭が多いことがわかる。アレルギー反応は時として重篤な症状を呈することが知られており、発症から重篤な症状を呈するまでの時間も短いことから迅速で的確な判断と対応が求められる。アレルギー既往のない子どもの学校における発症の状態について明らかにすることは、子どもの生命を守るために重要であり、養護教諭の確かな職務実践につながるものである。2007年の調査においては、内科的救急処置に関するヒヤリ・ハット事例には、以下のような事例が含まれていた。

・昼休みサッカーをしていて、気分が悪くなったと来室。次第に発疹、呼吸が苦しいとの訴え。保護者に連絡し、アレルギー等について聞いたが特になし。近くの病院へ搬送。診断の結果、運動誘発性アナフィラキシーだった。

・給食後5校時、体育で陸上をしていて友達に顔が腫れていると指摘され、保健室へ。問診をしていたところ、息苦しさを訴えてきた。保健調査票にもアレルギーの訴えはなかった。

・内科検診中に児童が全身のかゆみを訴えて保健室に来室した。休養させ保護者に連絡を取り、保護者が迎えに来るのを待っていた。だんだん症状が悪化してきたが、内科検診もあり、保護者も迎えに来るということになっていたので、そのまま待っていた。その後、保護者が病院へ連れて行ったが、後から病院から電話があり、もう少しで呼吸が止まるところだったとの連絡を受けた。

(2) アレルギーに関するヒヤリ・ハットの種類

2014年8月に実施した、小学校・中学校・高等学校に勤務する養護教諭64名を対象にした「内科的救急処置におけるヒヤリ・ハット実態

調査」によれば、アレルギーに関する事例は30件（51.7％）と約半数を占めた（表2）。アレルギー関連の事例30件の内訳は、食物に関する事例24件（80.0％）であり、その他にネコに関する事例、ニス（化学物質）に関する事例、日光（紫外線）に関する事例、湿布（薬品）に関する事例、衣類（化学繊維）に関する事例、金属に関する事例が報告された。

表2　内科的救急処置におけるヒヤリ・ハットの種類と事例件数

種　類	事例数	％
アレルギー関連	30	51.7
腹痛関連	11	19.0
熱中症	5	8.6
その他	12	20.7
合　計	58	100.0

(3) 食物に関するアレルギーのヒヤリ・ハット事例

　食物に関する事例24件の学校種別の発生割合は、小学校58％、中学校33％、高等学校9％であり、小学校・中学校での発生が9割を占める。一方で、高等学校でも1割の発生が見られる。小・中学校では子どもが学校で口にする食物は学校給食や調理実習などで、ある程度特定できる。高等学校は、休憩時間等にお菓子を食べたり各自が持参したお弁当を食べるなど、生徒が口にする食べ物は多種多様である。食物アレルギーが想定される場合は、学校種の特性を踏まえ、「何を」「いつ」「どのくらい」食べたのかを情報収集するアセスメント能力が問われる。

　また、修学旅行や校外学習等、学校外で食物を口にする場面の事例も特徴的である。近年、修学旅行は海外に出向く場合もあり、いつもと違った環境に子どもの気持ちは高揚し、食べてはいけないものも「大丈夫だろう」とか「みんながおいしそうに食べているから食べてみたい」などの理由で食べてしまうことがある。家庭では起こりえない、集団生活をしているからこそ起こりうる子どもの心身の状態がある。行動を共にする友人や集団への指導を充実させる必要がある。これらの症状としては、皮膚症状が41.7％、粘膜症状25.0％、消化器症

理論編

状・呼吸器症状・アナフィラキシーショック症状がそれぞれ8.3％である。

　発生時期は5月が一番多く、次いで7月、10月である。5月は新学期が始まり、学校生活に慣れると同時に、心身共に疲れが出る時期でもある。また、スギ花粉はピークを過ぎるがヒノキ花粉がピークの時期である。果物に由来するアレルギーは、花粉が誘因物質ともいわれる。花粉症が引き金となって5月に食物アレルギーを発症することも考えられる。10月も同様に、体育祭や運動会で子どもの心身の状態は疲労状態にある。昼夜の寒暖差により喘息発作を起こす子どもも見受けられるだろう。イネ科の花粉症も発症する時期である。5月、10月は、食物アレルギー対策強化月間として、子どもの心身の健康観察を充実させ、疲労回復のための生活習慣の管理と保健指導を行い、食物アレルギーに関連させ知識と対応の両面から対策を講じる必要がある。

(4) 食物以外のアレルギーに関連するヒヤリ・ハット事例

　食物以外のアレルギーには、ネコの毛によるもの、ニス（化学物質）によるもの、日光（紫外線）によるもの、湿布（薬品）によるもの、衣類（化学繊維）によるもの、金属（刺青に金属物質が含まれていた）によるものなど、実に多岐にわたる。これらの事例の症状は皮膚症状が全体の7割を占める。粘膜症状は出現せず、消化器症状や呼吸器症状が各1件であり、アナフィラキシーショックなどの重篤な症状はなかった。アレルゲンが食物ではないアレルギーとしては、動物（イヌ、鳥、ウサギ、ハムスター、ダニなど）、金属（ニッケル、コバルト、金、銀、水銀、クロム、パラジウム、インジウム、チタンなど）、ラテックス、化学繊維、紙、ビニール、プラスチック、黄砂、シルク、薬物、水、紫外線、アルコールなどが挙げられるため、学校生活のあらゆる場面にアレルギーを起こしうるアレルゲンが存在していることを念頭に対応する必要がある。アレルギーに関するヒヤリ・ハット事例を集積することはこの点においても有効である。

4 アレルギーに関するヒヤリ・ハットの実態

　アレルギーはどの年代にも現れることを想定し、保健室に来室した子どもの症状に向き合い、遅滞なく対応を行う必要がある。これらの事例の発生月は、「2月」、「5月」、「7月」、「9月」、「10月」であり、発生時間帯は「午後」に多い。

　養護教諭が認識する背景要因としては「保護者との連絡・連携体制が不十分だった」「そのことに対して知識不足だった」「経験から大丈夫と判断した」「アセスメントが不足した」「観察・記録が不十分だった」「対応技術が不足していた」「多忙だった」「教員との連絡・連携体制が不十分だった」「経験がなく想定外だった」が挙げられた。ヒヤリ・ハット経験時の勤務経験年数は、5年未満を中心に経験の少ない養護教諭に多く発生している。事例の共有、グループワークによる事例検討など研修を行い確かな職務実践に生かすことが必要である。

（大沼　久美子）

事例編

1 事例編の見方・捉え方

事例編はアレルギーの種類別に構成し、以下の内容を記載している。

1　アレルギーの種類
2　事例を象徴するテーマ
3　対象児童生徒の学年・性別
4　Ⓗヒヤリ・ハット事例の概要
5　Ⓒどうして起きたのか（背景要因）
6　Ⓛ事例からの学びや教訓
7　ヒヤリ・ハットを未然に防ぐための具体的な方策例
8　これだけは！押さえておきたいワンポイント

Ⓗ（Hiyari Hatto）：ヒヤリ・ハット事例の概要では、「いつ」「どこで」「何が」「どのように」「どうなった」を示し、「ヒヤリ・ハットしたことは何か」「アレルギー既往の有無」「医療機関受診歴の有無」についても記載した。

Ⓒ（Cause）：なぜ、このような事態が起きたのか、その背景要因を記載した。

Ⓛ（Learning）：事例から学んだことや教訓について省察した内容を記載した。

【ヒヤリ・ハットを未然に防ぐための具体的な方策例】：保健管理と保健指導とをつなぎ、個から集団へと広がる養護教諭の活動を踏まえ、健康相談、個別の保健指導、教職員への対応（事実報告や校内研修）、学校医や主治医などの関係者との連携や協議（学校保健委員会を含む）、子どもへの集団保健指導について、具体例を挙げて示した。さらに「これだけは！押さえておきたいワンポイント」として、要点を記載した。

　アレルギーに関するヒヤリ・ハット事例を通じて、子どもの命を守り、生活の質を向上させ、自己実現を支援するためにも、養護教諭は心身両面から子どもをきめ細かく支援することができる存在である。確かな対応のために本事例編を実践に生かしていただくことを期待する。

事例編

❷ ヒヤリ・ハットの事例

アレルギーの種類【動物アレルギー（ウサギ）】　　　　　　　　事例番号　1

動物アレルギーがあるのにウサギを追いかけている？！

| 対象児童生徒の学年・性別 | 小学1年　男子 |

H iyari・Hatto　事例の概要

【いつ】	5時間目（生活科）
【どこで】	校　庭

【何が・どのように・どうなった】
　気管支喘息の既往があり、動物との接触について医師から「アレルギー疾患用　学校生活管理指導表」が提出されていました。それには、「飼育係は避ける」「動物との接触については保護者と相談する」と記載がありました。
　1週間後に控えた「ウサギとの動物ふれあい教室」への参加について、保護者・学級担任・養護教諭で健康相談を行いました。母親の話では、「参加させないで教室に居させてもらえますか？教室で読書ができる子どもなので、一人でいても大丈夫です。」ということでした。学級担任も了解し、「教室に居るようにしましょう。時々職員室にいる教員が教室に行って様子を見るようにしますね。」と答え、学校での対応が決まりました。
　当日、5時間目の授業が始まって15分くらいしたとき、「待って〜」という声が聞こえました。その声を聞いた養護教諭は「あれ？あの声は……」、見ると、教室で読書をしているはずの子どもがウサギを追いかけていました。事情を聞くと、「教室から外を見たらウサギが校庭にいたので、捕まえようと思った。」と言うのです。その話に、驚くとともにヒヤッとしました。

【ヒヤッとしたこと・ハッとしたこと】
・教室にいるはずなのに、ウサギを追いかけていたことにヒヤッとしました。
・もし、気管支喘息などのアレルギー反応が出てしまったらと思うと、ヒヤッとしました。

【アレルギー既往の有無】	あり
【医療機関受診歴の有無】	あり

42

動物アレルギー（ウサギ）

Cause　どうして起きたのか？（背景要因）

①本人の認識不足
　本人は、小学校１年生ということもあり、どうして動物ふれあい教室に参加してはいけないのか、ウサギを追いかけて捕まえてはいけないのか、教室にいなければいけないのか、理解していませんでした。

②教職員の「教室待機」に対する指導体制の不足
　母親の「教室で読書ができる子なので一人でいても大丈夫です。」という言葉に安心して、「職員室にいる教員が時々教室に行って様子を見れば大丈夫」と思い込み、教室に教職員を配置しませんでした。

Learning　事例からの学びや教訓

①健康相談から個別の保健指導へ
　本人の動物アレルギーに対する認識を確かにするために、動物アレルギーの具体例をあげ、本人・保護者とともに共通認識を持つための健康相談や個別の保健指導が大切であることを学びました。

②教室で待機している児童に対する指導体制の整備
　教室で児童を待機させる場合は、児童を一人にしないよう、教職員で体制を組む必要があることを学びました。保護者に「教室で一人で読書ができる子だから大丈夫」と言われても、他の児童が楽しそうにしている様子をみたら、一緒に楽しみたくなることもある等を想定し、いつどんなときも、児童を一人にさせないことを、教職員や保護者にも周知することの大切さを学びました。

事例編

【ヒヤリ・ハットを未然に防ぐための具体的な方策例】

保健管理から保健指導へ—個別対応—

〈健康相談での確認〉
- 医師からどのような指示があったか
- 他の児童への理解を得ることについて、保護者や本人の意向を確認したか
- 他の児童に対して本人のアレルギーを知らせることについて、保護者や本人の了解を得たか
- このことで困っていることはあるか

〈保健指導〉
- 接触してはいけない動物がわかる
- アレルギー疾患と関連の深い学校での活動がわかる

保健管理から保健指導へ—管理・指導・体制・連携の充実にむけて—

動物アレルギー個別対応マニュアルの確認（健康相談）
健康相談出席者：本人、保護者、管理職、学級担任、養護教諭等
- 受診結果の確認
- 医師からの指示事項の確認
- 学校生活における対応についての共通理解
- 動物アレルギーに対する子どもの診断結果について他の子どもへの開示の有無の確認
- その他のアレルギーについての確認
- その他、不安に感じていること

教職員への周知と事実報告、校内連携体制の見直し、校内研修
- 事実の報告
- 本人の状況と禁忌事項（医師からの指示等）についての報告
- 学校の対応マニュアル、体制の明確化
- 動物アレルギー等における校内対応マニュアルを作成（児童を一人にさせない指導体制を含む）
- 校内対応マニュアルに従い、教職員がシミュレーションおよび改善
- 校内研修の計画立案、実施

集団への対応
- 動物アレルギーについての集団保健指導（クラス等）
- クラスの児童に対する本人への配慮についての保健指導

動物アレルギー（ウサギ）

> これだけは！
> 押さえておきたいワンポイント

- 動物アレルギーは、動物そのものが原因になる場合と、家で飼っている動物の毛が友達の衣服についてくるなど微粒子分子の浮遊が原因となる場合があります。ひどい症状になると呼吸困難になる場合もあります。遠足や社会科見学などの校外学習では、動物と接触する機会があります。アレルギー体質の子ども、また、校外学習先でアレルギー様症状が起きた場合は、アレルギー既往の有無に関わらず、適切な対処が必要です。
- 学校において、医師から指示があった場合には、保護者、本人とも相談の上、飼育当番を免除するなどの対応も必要です。その場合、飼育当番の代わりになる係を担当するように配慮します。自分の役割を果たさせることにより、他の児童からも理解が得られるばかりでなく、達成感を味わわせるよう、配慮します。
- 今回のように、子どもは動物を見ると、ついかわいくなって、触れてしまう場面も考えられますので、あらゆる場面を想定し、保護者と本人には日ごろのコミュニケーションをとることにより、関係を構築しておくことが大切です。

事例編

事例編

アレルギーの種類【薬品アレルギー】 　　　　　事例番号　2

> 湿布でぜんそく発作！？

対象児童生徒の学年・性別	小学1年　女子

*H*iyari・Hatto　事例の概要

【いつ】	休み時間
【どこで】	保健室

【何が・どのように・どうなった】
　就学時健康診断の保健調査に、「湿布類は喘息発作をおこすので使用しないでください。」と記載があったので、入学前に保護者と養護教諭、管理職で健康相談を行い、湿布類は使用しないことを確認しました。
　やがて小学校に入学し、ある日の業間休み、大勢の児童が保健室に訪れていました。「先生、膝を鉄棒にぶつけて痛い。」と訴えたので、膝を見ると、「少しだけ腫れているかな？」という程度の状態だったので、冷湿布を貼ろうとしました。その時、児童が「先生、これはダメだよ。」と言われ、ハッとして名札をみたところ、「湿布は禁」の児童でした。子どもから言われ、ハッと気づきました。

【ヒヤッとしたこと・ハッとしたこと】
・「湿布は禁」の子どもに湿布を貼ってしまいそうになったことに、ヒヤッとしました。

【アレルギー既往の有無】	あり
【医療機関受診歴の有無】	あり

ⓒ ause どうして起きたのか？（背景要因）

①子どもの顔と名前が一致していませんでした
　就学時健康診断後に健康相談を行い、「湿布は禁物」であることを確認していたにもかかわらず、入学後、間もないことから、その児童の顔と名前が一致しておらず、気づくことができませんでした。

②保健室への来室者が多く、慌てていた
　４月当初の業間休みは、新１年生がちょっとしたことでも来室していたため、早く教室に返さないといけないと焦って対応していました。

Ⓛ earning 事例からの学びや教訓

①本人から伝えられるようにしておく
　小学校１年生でしたが、しっかりと「湿布は貼ってはいけない」ことを認識しており、養護教諭に訴えることができました。本人の特性もありますが、自分で言えるようにしておくことは大切だと改めて思いました。

②要管理児童の顔と名前が一致できるようにしておく
　入学当初や異動等で新たな学校に行った際は、要管理児童の顔と名前を覚えられるよう、早い段階で保健室に個別に来てもらい、養護教諭と本人の顔合わせ（健康相談）を行うことが必要であることを学びました。

③教職員の共通理解と共通行動の体制整備
　顔と名前が一致しないことは、養護教諭に限らず、他の教職員が対応する際にも起こることです。学級担任はもとより、学校の教職員には、対応に配慮を要する子どもの一覧などを作成し、年度当初に周知を図ること、必要があれば保護者と本人の了解を得て、名札にシールを付けるなど、工夫を行うことも必要と学びました。

事例編

【ヒヤリ・ハットを未然に防ぐための具体的な方策例】

保健管理から保健指導へ―個別対応―

〈健康相談での確認〉
- 医師からどのような指示があったか
- 湿布のどのような成分がアレルゲンか、他に薬品を含めアレルギーはあるか
- 打撲や捻挫等の救急処置の方法で希望する方法はあるか（冷却・固定でよいか）
- 他の児童や教職員に周知してよいか
- 誤って湿布を貼ってしまった場合の対応はどのようにするか
- このことで困っていることはあるか

〈保健指導〉
- 処置を受ける場合は湿布は貼れないことを自分で言えるようにする

保健管理から保健指導へ―管理・指導・体制・連携の充実にむけて―

動物アレルギー個別対応マニュアルの確認（健康相談）
健康相談出席者：本人、保護者、管理職、学級担任、養護教諭等
- 受診結果の確認
- 医師からの指示事項の確認
- 学校生活における注意事項の確認
- 薬品についての個別対応マニュアルについての確認
- アレルギーに対する子どもの診断結果について他の子どもへの開示の有無の確認
- その他、不安に感じていること

教職員への周知と事実報告、校内連携体制の見直し、校内研修
- 本人の状況と禁忌事項（医師からの指示等）についての報告
- 学校の対応マニュアル、体制の明確化
- 湿布を誤って貼ってしまった際の救急処置対応マニュアルを作成
- 校内対応マニュアルに従い、教職員がシミュレーションおよび改善
- 校内研修の計画立案、実施

集団への対応
- 薬品アレルギーについての保健指導
- 該当児についての保健指導

薬品アレルギー

> これだけは！
> 押さえておきたいワンポイント

　気管支喘息疾患者には、「アスピリン喘息」といわれるタイプの喘息があります。アスピリンは、市販薬の風邪薬、解熱鎮痛剤、鼻炎薬や目薬などに入っている場合が多く見うけられます。湿布類では、スプレーや塗布タイプ、貼るタイプのほとんどのものにアスピリンは使用されていますので使用することができません。
　知らずに使用すると、最初に発疹が出て、呼吸困難や喘息発作と進行し、ひどい場合にはアナフィラキシーショックで心肺停止になることもあります。
　薬剤に対してのアレルギーは、喘息のレベルに関係なく、重篤症状になる場合があるため、保護者の了解を得て教職員だけでなく、児童生徒にも周知しておくことが大切です。
　また、アナフィラキシー等の緊急時に備え、校内連携体制を整えておきます。

事例編

事例編

アレルギーの種類【動物アレルギー（ウサギ）】　　　事例番号　3

遠足で行った動物園でウサギアレルギーを発症

対象児童生徒の学年・性別	小学1年　女子

Hiyari・Hatto　事例の概要

【いつ】	遠　足
【どこで】	動物園

【何が・どのように・どうなった】

　遠足で動物園に行きました。本人は、アレルギー性鼻炎の既往はありましたが、この時点で動物アレルギーはありませんでした。園内を見て回った後、動物ふれあいコーナーに行きました。そこでは、ハムスター・ウサギ・やぎなどの小動物を実際に触ることができます。学級担任は事前に、動物への接触について保護者に確認をとり、本人は問題のない児童でした。

　ウサギを膝に抱っこして、背中をなでて10分ほど経過し、手を洗って戻ってきたところでした。「先生、目がかゆい…」と本人から訴えがあり、見ると目の周りが真っ赤に腫れていました。

　ただちに、目を流水で洗い、園内の救護室へ行きました。患部を冷やして様子をみましたが症状の改善がみられませんでした。保護者と連絡が取れず困りましたが、症状が悪化していたので、園で紹介していただいた小児科を受診しました。医師からは、「ウサギアレルギーだと思いますよ。時々同じような症状でみえる方がいます。」とのことで、目薬を処方していただきました。そのころ保護者と連絡がとれ、病院で合流することができました。本人はそのまま保護者と自宅へ帰りました。

　動物園への遠足ということで、動物アレルギーへの配慮をしたつもりでいましたが、初発のアレルギーが出てヒヤッとしました。

【ヒヤッとしたこと・ハッとしたこと】
・動物アレルギーはないと思っていた児童の目の周りが赤くなって、腫れていたことに、ヒヤッとしました。
・病院を受診しようとした際に、保護者に連絡がつかなかったことに、ヒヤッとしました。

【アレルギー既往の有無】	アレルギー性鼻炎あり、動物アレルギーはなし
【医療機関受診歴の有無】	アレルギー性鼻炎のみ受診歴あり

動物アレルギー（ウサギ）

C ause　どうして起きたのか？（背景要因）

①本人や保護者は、ウサギアレルギーがあることを知らなかった！
　本人は、これまで、ウサギと接触する機会はあまりなく、入学してから間もないこともあり、学校で飼育しているウサギ小屋へもまだ行ったこともありませんでした。

L earning　事例からの学びや教訓

①計画の段階から配慮
　アレルギーの既往をもつ子どもはもちろん、現在は症状がなくても、素因をもっている子どもも少なからずいると思われます。動物に触れる機会のある学校行事の企画・立案は今後、ますます、慎重にならざるを得ません。また、万が一を考え、救急搬送や近隣の病院などもあらかじめ情報収集をしておく必要があります。

②保護者への連絡
　緊急連絡先資料は、必ず持参します。
　また、保護者と連絡が取れない場合は、子どもの命を最優先し、保護者へは事後報告という形をとるのがよいかと思います。正確に伝えるために、メモは忘れずに取っておきます。

③保護者との健康相談
　帰校後、アレルギー検査をお願いします。本事例でも、やはり「ウサギアレルギー」とのことでした。他の動物のアレルギーがあることも判明しました。今後、動物に触れる機会があるときには学校と保護者で確認を取ることを決めました。

④教職員への研修
　教職員全体へ周知し、動物との接触がある学校行事の企画・立案の際は、アレルギーに関する危機意識を持つことを確認しました。

事例編

事 例 編

【ヒヤリ・ハットを未然に防ぐための具体的な方策例】

保健管理から保健指導へ―個別対応―

遠足前日まで
〈実施の立案・計画段階で確認〉
- 動物に接触する機会はあるか
- 動物アレルギーの既往をもつ子どもの人数はどれくらいか
- それらの保護者への確認はとれているか
- 緊急時に搬送する病院の情報収集はできているか
- 保護者の緊急連絡先がわかるものを準備したか
- 動物アレルギーの既往がある子どもへの配慮にはどんなことがあるか
- 服装は、長そで、長ズボンを着用、マスク等をもたせる指導は行ったか

〈保健調査票の確認〉
- 念のため、アレルギー性鼻炎・結膜炎・アトピー性皮膚炎・花粉症・ぜんそく等の既往がある子どもをピックアップしておく

〈事後の健康相談（本人・保護者）〉
- 医療機関でのアレルギー検査を勧める

保健管理から保健指導へ―管理・指導・体制・連携の充実にむけて―

アレルギー検査結果がでた後の健康相談
健康相談出席者：本人、保護者、学級担任、養護教諭、栄養教諭等
- 受診結果の確認
- 医師からの指示事項の確認
- 学校生活における注意事項の確認
- その他、不安に感じていること

教職員への周知と事実報告、校内研修
- 学級での小動物の飼育や、委員会活動（飼育委員会）への参加についての配慮（学級での、小動物の飼育は直接は関わらせない。飼育委員会は避ける。）
- 動物（草）アレルギーの既往のある子どもへ配慮した、行事の計画立案の共通理解

集団への対応（保健指導や学校保健委員会等）
- 保健だよりを活用して、学級担任による帰りの会等での保健指導
- 保健ニュース等を掲示し理解をうながす。
- 児童の実態を踏まえた集団保健指導や学校保健委員会での協議

動物アレルギー（ウサギ）

> これだけは！
> 押さえておきたいワンポイント

　小学校学習指導要領（生活科）には、生命に関する教育として、動植物の飼育・栽培を継続的に行うことが示されているほか、理科でも身近な動物の活動について調べることになっています。
　そのため教育活動の一環として動物を飼育する小学校は多くみられます。
　名古屋市獣医師会の学校飼育に関する調査(2013～2014年)によると、250校中110校余りが学校で動物を飼育していました。飼育動物の内訳は、1位「ウサギ(76校)」　2位「小鳥(21校)」　3位「カメ(7校)」でした。
　同調査によると、ウサギが多い理由として、子ども達が世話をしやすく、かわいらしく、体温を感じることのできる動物だからとのことです。
　一方、動物と触れあうことの悩みとして、児童の動物アレルギーの問題は十分に考慮しなければならないとしています。子ども達によい体験をさせるにはアレルギーの知識をしっかり学び、保護者と理解し合い、実施することが大事だと指摘しています。
（名古屋市獣医師会・学校飼育動物委員会が行った名古屋市立小学校の飼育に関する調査）

事例編

事例編

アレルギーの種類【食物アレルギー（ピーナッツ）】　　　　事例番号　4

学級担任が第一発見者！

| 対象児童生徒の学年・性別 | 小学1年　男子 |

H iyari・Hatto　事例の概要

【いつ】	5時間目の授業中
【どこで】	教室

【何が・どのように・どうなった】

　給食後の5時間目途中、男子児童が学級担任に連れられて保健室に来室しました。授業中に学級担任の先生が"顔が赤い"と気付いたためでした。

　その日の給食のメニューはピーナッツの入ったミックスナッツ。ナッツ類には食物アレルギーがあり、除去食対応をしていましたが、今までピーナッツは食べても全く平気でした。

　瞼と結膜の浮腫があり、顔面は紅潮しており、鼻水がひどく咳もしていました。耳を背中にあてると、「ヒューヒュー」といった喘鳴も聞こえていました。立ったまま話を聞くのはつらそうだったので、ベッドに座らせながら問診をしていましたが、次第にそれもつらがるようになったので、寝かせてバイタルサインの確認と問診をしました。だんだんと背中に耳をあてなくても、呼吸の度に喘鳴が聞こえるようになりました。咳も次第にひどくなり、つらそうだったので「苦しくない？」と何度聞いても、かすれた声で「大丈夫」としか言いません。脈拍を図ると120回（分）と頻脈であり、呼吸器症状がひどくなってきたため、救急車で搬送しました。

　はじめてのアナフィラキシーの発症に本人も訳がわからない様子でしたが、みるみるうちに症状が悪化していったため、ヒヤッとしました。

【ヒヤッとしたこと・ハッとしたこと】
・初めてのアナフィラキシーの発症であり、みるみるうちに症状が悪化したことに、ヒヤッとしました。

【アレルギー既往の有無】	食物アレルギー（卵、ナッツ類）
【医療機関受診歴の有無】	あり

54

食物アレルギー（ピーナッツ）

Cause　どうして起きたのか？（背景要因）

①今まで、ピーナッツを食べても大丈夫だったのでアナフィラキシーを起こすとは思いませんでした

食べ物が原因でアナフィラキシーショックを起こすことは初めてだったため、まさか体調不良の原因が給食のピーナッツによるものだとは思いませんでした。

②本人の未熟さ

初めての発症であり、小学1年生でもあることから、"自分の身体は今、苦しい状況にあるんだ"ということが認識できていない様子で、子どもから症状を聞き取ることが難しく、病院受診の判断や重症度・緊急度の判断に迷いました。

Learning　事例からの学びや教訓

①小学校低学年の児童は、自分の身体の状態を上手く説明できない

まだ幼い小学校低学年の児童には、自分自身の置かれている状況や体調不良の原因などを理解することは困難であり、第三者に伝えることは難しいことがわかりました。

②個別の保健指導の必要性

食べ物を食べた後に咳が出たり、呼吸がしづらいなと感じた時は、身体からのSOSのサインであるということを教え、必ず周りの大人に伝えるということを発達段階に応じて指導する必要があると感じました。

③学級担任の"あれ？何となくおかしいな？"という気付きが何よりも重要

小学校においては学級担任が子ども達の一番近くで生活を共にしています。今回は、学級担任の"あれ？変だな？"という気付きが保健室来室につながりました。子どものことを一番近くで見ている学級担任だからこそわかる、普段の子どもの様子との違いへの気付きが何よりも大事だと思いました。

事例編

事例編

【ヒヤリ・ハットを未然に防ぐための具体的な方策例】

保健管理から保健指導へ―個別対応―

病院受診後に保護者と確認すべき事項
健康相談出席者：保護者、管理職、学級担任、養護教諭、栄養教諭等
〈健康相談での確認〉
- 診断結果
- 受診した際、どのような検査、医療的処置（服薬等）がなされたか
- 医師からの指示事項
- 処方薬と服用のタイミング
- 緊急搬送先と主治医
- 学校生活における注意事項
- 給食の対応について
- 昨日の受診後の体の状況はどうであったか
- 本人はこのことについて、どのように話していたか
- これまでにも、同じような経験をしたことがあるか、その場合は、どんな状況であったか
- 学校生活で何か不安に思っていることはあるか

〈保健指導〉
- 念のため、ピーナッツを含んだ食品を食べないようにする
- 食べてよいか判断に迷った場合は、教師に相談させる
- 「食物アレルギー管理指導表」を渡し、次回、医療機関受診の際に記入・提出してもらうよう依頼する

保健管理から保健指導へ―管理・指導・体制・連携の充実にむけて―

校内アレルギー対応委員会の開催
- 該当児童生徒の具体的対応について検討する
- 緊急時の対処要領の確認と見直し
- 校内の連絡体制や119番通報、保護者への連絡方法の確認
- 管理職や養護教諭不在時も含め、検討を行う

教職員への周知と事実報告、校内研修
- 本人の状況と処方された薬、禁忌事項（医師の指示等）についての報告
- 学校の対応、体制の周知（文書やフローチャートで明確化）
- 校内研修の計画立案、実施

本人への保健指導

食物アレルギー（ピーナッツ）

- 食物アレルギーやアナフィラキシーとは何か、指導する
- 発症時のことを振り返らせ、どのような状況だったか説明させる
- 食後に違和感を感じた時は、身体からのSOSのサインであることを指導する
- 食べたり触ったりした後に体調が悪くなったら、必ず学級担任の先生に伝えるよう指導する
- 自身のアレルゲンをしっかりと自覚させ、自分で危険を回避できるよう子どもの発達段階に応じて指導する
- 内服薬やエピペン®を自己管理できるよう、指導する

> これだけは！
> 押さえておきたいワンポイント

　自分の今の体の調子やつらさを訴えることが難しいのは、小学校低学年の児童に限ったことではありません。もちろん、該当する児童生徒の発達段階や性格にもよりますが、食物アレルギーに限っては、普段しっかりしている子どもでも、とたんに自身の体調不良を第三者に伝えることができなくなってしまいます。

　ひとたびアナフィラキシーを発症してしまい、咳や呼吸困難などの呼吸器症状が出現すると、ひたすらもがき苦しみ、話をすることもできなくなってしまいます。また、さらに症状が進行し、アナフィラキシーショックにまで至ると、血圧の低下により、ぐったりと元気がなくなり、呼びかけにも応じなくなります。子どもをベッドに寝かせたら、ぐっすりと眠ったように見えたが、アナフィラキシーショックを起こしていたという事例もあるため、注意が必要です。

事例編

事例編

アレルギーの種類【食物アレルギー（ピーナッツ）】　事例番号　5

お母さんも知らなかった！？
―学校ではじめて起こしたアナフィラキシー―

対象児童生徒の学年・性別	小学1年　女子

Ⓗ iyari・Hatto　事例の概要

【いつ】	給食中
【どこで】	教室

【何が・どのように・どうなった】
　給食中、保健室に子どもが嘔吐してしまったとの連絡が入りました。該当のクラスへ行き、吐物の処理をした後、養護教諭が保健室へ児童を連れて行き、洋服を着替えさせようとした際、口の周りと首に発疹がでているのを発見しました。咳はありませんでしたが、鼻水がひどく、少々苦しそうであったため、足を高くしてベッドに寝かせました。
　本人は「かぜをひいている。」と言い、しきりに起きて鼻をかみたがりましたが、寝たまま口で呼吸をするように伝えました。
　保健調査票を見ても、アレルギーの記載は一切ありませんでした。保護者へ確認をするため、連絡をしましたが、自宅にも、携帯電話にもつながりませんでした。
　そのうち児童が息苦しさを訴えたため、救急車を呼ぶことにしました。当初は、胃腸炎や気分の悪さからくる嘔吐だと思い、対応していましたが、途中でアナフィラキシーの消化器症状であることに気付き、ハッとしました。また、児童の既往歴に関する情報もなく、保護者に連絡がつかないまま、症状が悪化したため、ヒヤッとしました。

【ヒヤッとしたこと・ハッとしたこと】
・来室当初は、胃腸炎や気分の悪さからくる嘔吐だと思い、対応していましたが、途中でアナフィラキシーの消化器症状であることに気付き、ハッとしました。
・児童の既往歴に関する情報もなく、保護者に連絡がつかないまま、症状が悪化したため、ヒヤッとしました。

【アレルギー既往の有無】	なし
【医療機関受診歴の有無】	なし

食物アレルギー（ピーナッツ）

Ⓒause　どうして起きたのか？（背景要因）

①アレルギー体質だとは知らなかった
　喘息やアトピーを含め、今までアレルギーの既往も特になく、まさかピーナッツにアレルギーがあるなんて、本人はもちろん、お母さんも知りませんでした。

②体調が悪かった
　運動会の練習が続いており、体が疲れていたことに加え、風邪を引いていたため、体の抵抗力が落ちており、アレルゲンに反応しやすい体調だったと思います。

③保護者の勤務先の連絡先を控えていなかった
　保護者の携帯電話の連絡先は、保健調査票等の書面でわかっていたのですが、仕事中でもつながるような勤務先の連絡先等は控えていませんでした。

Ⓛearning　事例からの学びや教訓

①アレルギー体質ではなくても、突然アナフィラキシーを起こす
　アトピーや喘息などのアレルギー体質ではない子どもであっても、学校で突然アナフィラキシーを起こす可能性があるということがわかりました。

②嘔吐からはじまるアナフィラキシーの初期症状もある
　アナフィラキシーといえば、皮膚の赤みやかゆみといった皮膚症状や、咳や喘鳴などの呼吸器症状からはじまると思っていましたが、嘔吐や腹痛などの消化器症状を初期症状とするアナフィラキシーのパターンがあるということがわかりました。
　食後の嘔吐は食物アレルギーが原因である可能性も疑いながら対応を進める必要性を感じました。

③保護者と連絡がとれる連絡先の把握は不可欠
　「アナフィラキシーはどの子どもにも起こる」可能性があります。保護者が日中働いている場合は、携帯電話であってもつながらない場合があるので、勤務先の電話番号など、必ず連絡がとれる連絡先を把握する必要性を感じました。また、勤務先の変更があった場合は、その都度学校に知らせてもらう声掛けも必要だと感じました。

事例編

【ヒヤリ・ハットを未然に防ぐための具体的な方策例】

保健管理から保健指導へ―個別対応―

病院受診後に保護者と確認すべき事項
健康相談出席者：保護者、管理職、学級担任、養護教諭、栄養教諭等
〈健康相談での確認〉
- 診断結果
- 受診した際、どのような検査、医療的処置（服薬等）がなされたか
- 医師からの指示事項
- 処方薬と服用のタイミング
- 緊急搬送先と主治医
- 学校生活における注意事項
- 給食の対応について
- 昨日の受診後の身体の状況はどうであったか
- 本人はこのことについて、どのように話していたか
- これまでにも、同じような経験をしたことがあるか、その場合は、どんな状況であったか
- 学校生活で何か不安に思っていることはあるか

〈保護者への依頼事項〉
- 自宅や携帯の連絡先以外にも、仕事中につながる連絡先の記載をお願いする、常に連絡がとれる状態にする
- 複数の連絡先のうち、連絡がとりやすいものから順に優先順位をつける
- 連絡先の変更があった場合は、速やかに学校へ連絡する
- 「食物アレルギー管理指導表」を渡し、次回、医療機関受診の際に記入・提出を依頼する

〈保健指導〉
- 給食後の体調の変化に気づいたら申し出るよう指導する

保健管理から保健指導へ―管理・指導・体制・連携の充実にむけて―

校内危機管理体制の整備と強化―突然の新規発症に備えて―
校内アレルギー対応委員会の開催
- 該当児童生徒の具体的対応について検討する
- 緊急時の対処要領の確認と見直し
- 校内の連絡体制や119番通報、保護者への連絡方法の確認
- 管理職や養護教諭不在時も含め、検討を行う

食物アレルギー（ピーナッツ）

教職員への情報提供と共通理解
・事故の発生状況と詳細の説明を行い、新規発症も起こり得ることを伝える
・食物アレルギーは体調不良時に起こりやすいため、日々の健康観察で体調が悪い子には留意するよう伝える
・処方された薬、禁忌事項（医師の指示等）についての報告
・学校の対応、体制の周知（文書やフローチャートで明確化）

校内研修の計画立案、実施
・アナフィラキシーの所見と症状を具体的に例示し、既往歴のない児童生徒にこれらの症状が現れた際には食物アレルギーを疑うよう伝える
・新規発症例が疑われる際の連絡体制や対応方法の確認
・事例に基づいたシミュレーションを行い、各教職員の役割を明確にする
・シミュレーションには、あらかじめ提示してある緊急時の対処要領を用い、反省があがった場合は、その都度見直しと改善を行う

これだけは！押さえておきたいワンポイント

　学校で発症する食物アレルギーのうち、最もその原因になり得るのは給食ですが、今まで発症したことのない子どもであっても、初めて学校でアレルギーを起こすことは決して稀ではありません。
　給食が原因で起こった食物アレルギーの調査（今井孝成：学校給食において発症した食物アレルギーの全国調査、日本小児科学会雑誌、110、1545-1549、2006）の結果では、収集した発症例637例中、新規発症例は255例にも上ったことからも、学校で初めて食物アレルギーを発症することは珍しくないことがわかります。
　既往歴のある児童生徒だけではなく、"どの子も学校でアナフィラキシーを起こし得る"ということを常に念頭に置きながら、日々の対応にあたることが必要です。

事例編

アレルギーの種類【食物アレルギー（牛乳）】　　　　事例番号　6

家で飲めていても確認しよう

対象児童生徒の学年・性別	小学2年　男子

H iyari・Hatto　事例の概要

【いつ】	給食中
【どこで】	教室

【何が・どのように・どうなった】
　給食を食べた後、全身のかゆみ、発疹、息苦しさを訴えて保健室に来室しました。牛乳アレルギーのため、普段は牛乳を除去していました。しかし飲むヨーグルトは家でも飲んでいることもあり、本人の申し出を学級担任は信じて飲むことを認めました。
　飲むヨーグルトを2本飲んだ後、症状が出始め、時間とともに悪化していきました。
　アナフィラキシー症状が出てヒヤッとしました。

【ヒヤッとしたこと・ハッとしたこと】
・本人が、「家でも飲むヨーグルトは飲んでいるから大丈夫」と言ったので、飲ませてしまったら、アナフィラキシーを起こして、なおかつ、症状が悪化したため、ヒヤッとしました。

【アレルギー既往の有無】	あり
【医療機関受診歴の有無】	受診の結果、給食は牛乳除去

食物アレルギー（牛乳）

Cause　どうして起きたのか？（背景要因）

①家で食べているものは食べたい
　普段の給食では牛乳を除去していましたが家では飲むヨーグルトを飲んでいたので、給食でも飲んで大丈夫だと本人は思い、学級担任に相談しました。学級担任はその話を聞いて家で飲んでいるのならば大丈夫だと思い許可しました。

②本人の知識不足
　何を、どの程度、食べないようにすればよいか、本人は全く認識していませんでした。家では飲んでいるから大丈夫だと思い２本も飲んでしまいました。

③確認不足
　牛乳は飲まないと保護者の方と確認していましたが、その他の乳製品については確認していませんでした。

Learning　事例からの学びや教訓

①子どもの訴えを鵜呑みにしない
　今回の事例は牛乳除去の子どもが「家ではヨーグルトを飲んでいる」という本人からの申し出により学級担任は飲むことを許可しました。危険性のある食物すべてを排除してしまうことがいいこととは言い切れませんが、何かしらのアレルギーがある以上、保護者に確認するなど慎重に対応する必要があることを学びました。

②アレルギーに対する知識不足
　学級担任は家で飲んでいるから大丈夫という子どもの申し出から許可を出しました。しかしたくさん飲んでしまうことでアレルギー発作が起こるという危険性については知りませんでした。子ども本人もその危険性については知らず２本も飲んでしまいました。もし知っていたらこんなことにはならなかったので知ることの大切さを学びました。

③保護者との連携
　家で子どもがヨーグルトを飲んでいることを学校側は把握していませんでした。また、どの程度摂取してよいのかなど具体的なことを面談などで確認しておく大切さを学びました。

事例編

事 例 編

【ヒヤリ・ハットを未然に防ぐための具体的な方策例】

保健管理から保健指導へ―個別対応―

病院受診をした翌日
〈健康相談での確認〉
- 受診した際、どのような検査、医療的処置（服薬等）がなされたか
- 医師からどのような指示があったか
- 次回、受診日はいつか、検査結果はいつ出るのか
- 昨日の受診後の体の状況はどうであったか
- 保護者はこのことについて、どのように話していたか
- これまでにも、同じような経験をしたことがあるか、その場合は、どんな状況であったか
- このことで困っていることはあるか

〈保健指導〉
- 乳製品をどれくらい摂取してよいのか保護者と確認し、その内容に沿って指導する
- 食べてよいか判断に迷った場合は、相談する
- 「食物アレルギー管理指導表」を渡し、次回、医療機関受診の際に記入・提出してもらうよう指導する
- 食物アレルギー（口腔アレルギー症候群）とは何か、指導する

保健管理から保健指導へ―管理・指導・体制・連携の充実にむけて―

次回受診日（または受診結果が出た日）の翌日（できれば保護者同伴で健康相談）
健康相談出席者：本人、保護者、学級担任、養護教諭、栄養教諭等
- 受診結果の確認
- 医師からの指示事項の確認
- 学校生活における注意事項の確認
- 給食の対応についての確認
- その他、不安に感じていること

校内体制
- 保護者と面談してアレルギー物質に対する給食の処置について検討する
- その児童専用の給食献立表を配布する
- 毎月の献立表にアレルギー物質が出る場合マーカーでチェック
- 朝保護者と確認してから学校にくる

食物アレルギー（牛乳）

- 学級担任はこれを教室に掲示して把握し、他の子ども達にも周知させる
- クラス全体で協力する体制をとり、学級担任がいないときに子ども同士で指摘し合える環境をつくる
- 学級担任が出張等で代理で先生が入るとき必ず確認できるよう職員室にアレルギーを持つ児童一覧を貼り出す
- 必ず確認してその児童に注意できるようにする

事例編

> これだけは！
> 押さえておきたいワンポイント

　牛乳アレルギーとは、牛に関わらず乳に含まれる成分に対するアレルギーです。牛乳アレルギーの多くの原因物質は「カゼイン」ですが、この物質は加熱しても加工してもアレルゲンの力が落ちることはありません。ヨーグルトやチーズなどの加工食品にも注意が必要です。

　また、牛乳は特定原材料として加工食品のアレルギー表示が義務づけられていますが、名称上の「乳」という文字の有無だけでは、一概に食べられるかどうかを判断できません。誤食なく、食べられる食品を増やすためには、アレルギー表示から、食べられる食品と食べられない食品を正しく見分けることが重要です。

事 例 編

アレルギーの種類【動物アレルギー（ウサギ）】　　事例番号　7

> かわいいから、つい触っちゃうんだ……

| 対象児童生徒の学年・性別 | 小学2年　男子 |

Hiyari・Hatto　事例の概要

【いつ】	3時間目の休み時間
【どこで】	ウサギ小屋

【何が・どのように・どうなった】

　本人は、動物がとても好きで、飼育係として活躍していました。業間の20分休み時間に、ウサギ小屋の水を取り替えるために来ていた飼育委員の上級生にお願いして、ウサギ小屋に入り水を取り替えました。

　その後、保健室に目がかゆいと訴え、来室しました。本人の目は真っ赤でした。「目がかゆい」と言っているだけだったので、季節がら、花粉症の既往のある児童だったこともあり、「花粉症かな……？」と思い、精製水で洗眼し、教室へ返しました。

　1時間後、総合的な学習の時間での、町探検を終えて再び来室しました。「先生、咳が止まらないし、すごく目と喉がかゆい」と訴えました。その時には、激しい咳が続き、嘔吐がありました。町探検を引率した教員に話を聴くと、探検中の公園でも、ウサギとのふれあい広場があり、ウサギを抱っこしたり、エサをあげたりしたとのこと。すぐに救急車を要請し、医療機関へ搬送しました。ウサギと触れあったことによるアレルギーについて、すぐに思い浮かばず、初回来室での対応が不十分であったこと、そのまま町探検に送り出してしまったことにヒヤッとしました。

【ヒヤッとしたこと・ハッとしたこと】

・休み時間での「目がかゆい」という訴えの際に、ウサギとの接触に気づかず、その後も町探検に行かせてしまい、さらに出かけた先でもウサギに接触し、症状が悪化してしまい、初回来室の際のアセスメント不足に、ヒヤッとしました。

【アレルギー既往の有無】	あり
【医療機関受診歴の有無】	あり：花粉症がひどく春先はゴーグルを使用

66

動物アレルギー（ウサギ）

ⓒause どうして起きたのか？（背景要因）

①かわいいから触りたい、動物が好き
　飼育小屋へは飼育委員会の児童しか入れないことになっていました。しかし、ウサギがとても好きで、どうしても飼育小屋へ入って世話をしてみたい一心から、飼育委員に頼んで入らせてもらっていました。

②飼育委員への指導の徹底不足
　飼育委員は委員会時に飼育小屋へ入るときの注意事項など指導を受けて活動を行っていました。しかし、それ以外の児童が一緒に入ること等については指導していませんでした。

③アセスメントの不足
　目のかゆみが出た時に、何をしていたかなど、話をよく聞いてアセスメントすべきでした。

④校外活動における配慮不足
　校外での活動において、配慮を要すべき事項について教職員全体で確認ができていませんでした。町探検でどのような活動があるのか、健康上配慮すべき活動がないか、確認しておくべきでした。

Ⓛearning 事例からの学びや教訓

①アセスメントを丁寧に行う、発症の経過を詳細に確認する
　花粉症かもしれないという思い込みから、目のアセスメントや問診を簡単に済ませてしまいました。小学2年生は自らの状態を話すことがまだ難しいため、あらゆる状況や行動を想定して問診すべきだと思いました。

②動物に関わる安全管理面での指導の徹底
　飼育小屋への入室や動物とのかかわりは、飼育小屋担当職員と児童飼育委員で活動していたため、教職員全体の共通理解が欠けていました。また飼育動物だけでなく、学校外での動物への接し方や動物の世話に関する配慮事項など、教職員全体で安全管理意識を持つ必要性を感じました。

③集団への指導の必要性
　休み時間には、多くの学年が校庭で遊んでいます。飼育小屋へも、特定の学年だけでなく、全学年の児童がやってきます。また、学校外でも、遠足時や探検時など、動物と触れあう機会があります。朝会時などを活用し、すべての児童に対して保健指導を行う必要性を感じました。

事 例 編

【ヒヤリ・ハットを未然に防ぐための具体的な方策例】

保健管理から保健指導へ―個別対応―

〈健康相談での確認〉
- 受診した際、どのような検査、医療的処置（服薬等）がなされたか
- 医師からどのような指示、配慮事項の指導があったか
- 次回、受診日はいつか、検査結果はいつ出るのか
- 受診後の体の状況はどうであるか
- 保護者はこのことについて、どのように話していたか
- これまでにも、同じような経験をしたことがあるか、その場合は、どんな状況であったか
- このことで困っていることはあるか

〈保健指導〉
- 動物に関わるときには教職員同伴のもと、医師の指示の範囲内で関わる
- 何か体におかしな症状があるときにはすぐに先生に申し出る
- 「学校生活管理指導表（アレルギー疾患用）」を渡し、医療機関で記入してもらうよう指導する
- 動物アレルギーとは何かについて学級担任と養護教諭とで個別保健指導を行う

保健管理から保健指導へ―管理・指導・体制・連携の充実にむけて―

次回受診日（または受診結果が出た日）の翌日（できれば保護者同伴で健康相談）
健康相談出席者：本人、保護者、学級担任、養護教諭、管理職
- 受診結果の確認
- 医師からの指示事項の確認
- 学校生活における注意事項の確認
- 動物との関わりや校外学習での配慮事項
- その他、不安に感じていること

〈教職員への周知と事実報告、校内研修〉
- 事例報告と本人についての状況報告、周知
- 飼育活動についての注意喚起、および学級指導について
- 学校飼育担当獣医による校内研修

〈集団への対応（保健指導や学校保健委員会等）〉
- 保健だよりで動物アレルギーについて特集を組む

動物アレルギー(ウサギ)

・学校保健委員会で、学校飼育やアレルギーについて協議する。学校医から助言を得る
・児童会活動の発表(朝会や放送)で、保健委員会と飼育委員会の合同で、衛生管理、手洗いうがいの徹底方法、動物アレルギーについて全体へ啓発する

> これだけは！
> 押さえておきたいワンポイント

　動物アレルギーは、ウサギだけでなく、ネコやイヌ、鳥、ハムスター等でも症状を呈する人がいます。動物アレルギーがあると、動物と触れあえないのではないか、飼育に関われないのではないか、という心配があると思います。飼育に関わる掲示物づくりや動物と触れあう時の基本的な保健安全行動の徹底を図る必要があります。
　飼育動物と触れあう際には、必ず石鹸で手洗いをする、うがいを行う、マスクや手袋をつけるなど工夫をし、衛生管理指導を行います。
　また、動物にかまれたり、引っかかれたり、動物が原因でけがをした際には、必ず保健室で処置・指導を受けることや、動物アレルギーの児童は無理に世話をせず教職員・保護者の相談のもと、できる範囲のことをするようにし、教職員の目の届くところで関わるようにします。

(参　考)
1　「学校における望ましい動物飼育のあり方」日本初等理科教育研究会
2　「学校飼育動物保健衛生指導マニュアル」社団法人日本獣医師会

事例編

事例編

アレルギーの種類【動物アレルギー】　　　　　　　　　　事例番号　8

ネコは触っちゃだめだけどモルモットは？
―「大丈夫」の言葉でも十分な注意を！―

対象児童生徒の学年・性別	小学2年　女子

*H*iyari・*Hatto*　事例の概要

【いつ】	遠足に出かけた動物園（学校行事）
【どこで】	園内の動物触れあいコーナー

【何が・どのように・どうなった】

　2年生の遠足は、動物と触れあうことをねらいとした動物園への遠足でした。本人はネコに触れると咳が出たり、じんましんが出てしまうというアレルギーの症状をもつ児童でした。そのため、事前に学級担任はモルモットと触れあうことについて保護者と確認を取っていました。そして、保護者から「ネコでなければ大丈夫です。」という回答をもらっていたため、安心して遠足に参加させました。

　当日、本人の健康状態も良く、楽しく動物園内を見学し、動物との触れあいコーナーに来ました。養護教諭も2年生の遠足を引率していたため、そのコーナーで子ども達の様子を観察していました。本人はモルモットを抱っこしたりして、とても楽しそうでした。しかし、動物との触れあいが終わってしばらくしたら、本人から養護教諭に、「顔が熱い」と訴えてきました。見ると、目の周りにじんましんが出ていて、ヒヤッとしました。

【ヒヤッとしたこと・ハッとしたこと】

・モルモットは触れても大丈夫と保護者に確認を取っていたのに、目の周りにじんましんが出ていて、ヒヤッとしました。

【アレルギー既往の有無】	あり（一度ネコを触ってじんましんが出たことがある）
【医療機関受診歴の有無】	ない

動物アレルギー

ⓒause どうして起きたのか？（背景要因）

①保護者との確認
　保護者とネコアレルギーがあるので、モルモットとの触れあいはどうかについて、確認はとっていました。保護者が児童を迎えに来た際、「不安はあったのですが……」と言っていました。本人に少しでも体験をさせたいという親心で、「大丈夫」と返答したようでした。事前に医療機関を受診し医師に指導を得ておくなど、学校も家庭も慎重な判断が必要でした。

②個別の支援が必要
　引率した教員全員が、この児童にネコアレルギーがあることを知っていました。保護者の判断についても情報共有ができていました。そのため、触れあいコーナーでの本人の活動については、他の児童と同様にしていました。発症する可能性も想定し、モルモットを顔に近づけないなどの、触れあい方法に声をかける必要がありました。

ⓛearning 事例からの学びや教訓

①過去の発症時の様子を詳しく聞いておく
　学級担任と保護者の話し合いでは、ネコアレルギーがあるがモルモットは大丈夫かということだけの確認でした。ネコアレルギーについて、医師の診断を受けたことはなく、「どうした時に」、「どのような症状が」、「どのあたりに」、「どのように」、「どのくらいの時間」出て、「どのような対応」をしたのかなど、詳しく聞いておく必要がありました。学級担任には、保護者へ確認してもらう項目を挙げておく、もしくは養護教諭自身が保護者に直接確認するなどが必要だと思いました。面談シートを作成しておくことも情報がもれなく得られるので有効だと思います。

②校外学習時の養護教諭の持ち物
　持ち出し用の救急セットには、瞬間冷却パックを持参していますが、じんましんなどを冷やす際には少し冷たすぎます。そこで、出先に水道がある場合は、水筒の中に氷を、山などの目的地の場合には、氷水を入れて持参することにしました。タオルを濡らして冷却できるからです。

③大丈夫と思っていても十分な配慮を
　保護者から大丈夫と言われていても、配慮は必要です。また、他の児童の中にも、そのようなアレルギーの生徒がいる場合もあります。動物を顔に近づけないことや動物を触った手で目や鼻をこすらないこと、手洗いうがいをしっかりすることは必ず事前とその場で保健指導をする必要があります。

事例編

事例編

【ヒヤリ・ハットを未然に防ぐための具体的な方策例】

保健管理から保健指導へ―個別対応―

遠足に行く前の準備
〈健康相談での確認（保護者と学級担任・養護教諭）〉
- ネコアレルギーの初発はどのような状況だったか
- アレルギー症状が出た際、医療機関に受診をしたか
- 医師からどのような指示があったか
- 他の動物との触れあいは大丈夫か（根拠も聞く）
- 児童とは今回の触れあいについてどのような話をしているか
- もし症状が出てしまったときはどのような対応をするか
- アレルギーについて不安なことはあるか

〈保健指導〉
- ネコアレルギーの症状があるので、触れあい後に何か不調があったらすぐに教員に伝えること
- 触れあう前に、不安なことがあったらすぐに先生に相談すること
- 児童全体に、動物との触れあいが終わったらすぐに手洗い、うがいをしっかりすること

保健管理から保健指導へ―管理・指導・体制・連携の充実にむけて―

翌日または当日の夜の健康相談（家庭訪問または来校していただく）
- 受診結果の確認
- 医師からの指示事項の確認
- 学校生活における注意事項の確認
- 今後の学校教育での動物の触れあいに関する教育活動の計画の提示
- その他、不安に感じていること

教職員への周知と事実報告、校内研修
- アレルギーの既往を持つ児童リストの再確認と全教職員への周知
- 家庭との面談の際の聞き取り内容リストの作成と周知
- 校内研修の計画立案、実施

集団への対応（保健指導）
- 遠足から帰宅後、不調等はないか健康観察を行う
- 保健室前の掲示板や保健だよりを通した、動物アレルギーについての情報提供

動物アレルギー

> これだけは！
> 押さえておきたいワンポイント

　動物のアレルギーはイヌやネコ、インコ、今回のようにモルモットなど様々です。原因も動物そのものであったり、毛、尿、糞、垢やその動物独自のホルモンなどいろいろです。

　さらに、血液検査では、アレルギー反応が出るという結果でも、実際には症状が出なかったり、その逆であったりと、まだまだはっきりしていないことが多くあります。

　また、例えばイヌアレルギーでも犬種によってアレルギー症状が出ないなど判断が難しいところです。

　学校の教育活動において、動物と触れあう機会は出てくるかもしれません。ネコやモルモットと触れあってアレルギー症状が出たからと言って、すべての動物でアレルギー反応が出てしまうというわけではありません。自分はアレルギー体質だということを念頭に、動物との触れあい方、手洗い、うがい、手袋やマスク、着替え等の対応とともに、もし症状が出た場合は必ず医療機関を受診する、学校医からも助言を得ておくなど、どの子どもにも起こることを想定して、事前指導を行うことが重要です。

事例編

事例編

アレルギーの種類【食物アレルギー（卵）】　　　事例番号　9

注意すべきは給食だけじゃない！！

対象児童生徒の学年・性別	小学3年　男子

Ⓗiyari・Hatto　事例の概要

【いつ】	清掃時間
【どこで】	教　室

【何が・どのように・どうなった】

　7月上旬、清掃時間に小3男子児童が、頬の腫れを訴えて保健室に来室しました。その男子児童は清掃時間前の昼休みには元気に外で鬼ごっこをして遊んでいたとのことです。食物アレルギーを持った児童だったため、頬の腫れは"アレルギー反応？"と疑いました。

　そこで、学級担任および本人に、その日の給食に問題がなかったか確認をとったところ、その日もいつも通り、給食は除去食および家庭からの代替食持参をしていたとのことだったので、原因がわかりませんでした。

　その後、学級担任が本人によく話を聞いたところ、旅行に行った友人が持ってきたお土産のクッキーを、給食のときに食べたとのこと。クッキーには、原因物質の「卵」が含まれていました。教員の目が届かないところで、子ども達だけで食品のやりとりが行われていたこと、お土産の扱いに関する学校の体制の不備にヒヤッとしました。

【ヒヤッとしたこと・ハッとしたこと】
・教員の目が届かないところで、クッキーを食べてしまったことにヒヤッとしました。
・学校でのお土産の扱いに関する体制の不備、指導ができていないことにヒヤッとしました。

【アレルギー既往の有無】	あり
【医療機関受診歴の有無】	あり

食物アレルギー（卵）

ⓒause どうして起きたのか？（背景要因）

①給食以外にも食品に触れる機会はある
　食物アレルギーのことを考えると、給食に比べてお菓子の対応は無防備でした。最近増加する食物アレルギーに関する事故を受けて、学校では、食物アレルギー持ちの子どもについて保護者の方と連携を図りながら、日々の給食について綿密な対応を行っていましたが、お土産は盲点でした。

②お土産の扱いについて取り決めておけば……
　お菓子の持ち込み、お土産の交換などについて特に取り決めもなく、学校の体制に不備がありました。

③教員の指導不足
　食品に対して、子ども達は特に危険なものという意識がなかったため、安易に食べ物のやりとりをしていました。子ども達への指導が不足していました。

Ⓛearning 事例からの学びや教訓

①お土産の扱いについて事前に検討・確認
　食物アレルギーの子どもが増加していることから、学校では、教育活動として提供される食物（給食や家庭科調理実習など）に限定することとし、教職員の把握のもと、口にすることにします。また、管理されたもの以外を食べると、万が一、食中毒が発生した場合に原因を特定することが困難となります。アレルギー事故を未然に防ぐためにも、お土産等、教育活動以外の食品の提供や学校への持参に対する体制を整える必要があることを学びました。

②お土産の持参禁止を保護者に呼びかける
　小学校で食物アレルギーと言えば、給食に注意が向きがちです。
　旅行土産でお菓子を持ってくる児童がいます。保健だより等で、食物アレルギーによる事故を防ぐため、学校ではお土産を配ることはしないようにするということを、しっかり子ども達や家庭へ発信し、周知徹底を図る必要があることを学びました。

事例編

事例編

【ヒヤリ・ハットを未然に防ぐための具体的な方策例】

保健管理から保健指導へ―個別対応―

病院受診をした翌日
〈健康相談での確認〉
- 受診した際、どのような検査、医療的処置（服薬等）がなされたか
- 医師からどのような指示があったか
- 次回、受診日はいつか、検査結果はいつ出るのか
- 昨日の受診後の体の状況はどうであったか
- 保護者はこのことについて、どのように話していたか
- これまでにも、同じような経験をしたことがあるか、その場合は、どんな状況であったか
- このことで困っていることはあるか

〈保健指導〉
- お菓子やクッキーなどの中にも「鶏卵」が含まれていることを理解させる
- 食べてよいか判断に迷った場合は、相談する
- 学校では、学校で出されるもの以外は食べないことを約束する
- アレルギーについて理解させる

保健管理から保健指導へ―管理・指導・体制・連携の充実にむけて―

次回受診日（または受診結果が出た日）の翌日（できれば保護者同伴で健康相談）
健康相談出席者：本人、保護者、学級担任、養護教諭、栄養教諭等
- 受診結果の確認
- 医師からの指示事項の確認（エピペン®の処方の可能性など）
- 学校生活における注意事項の確認（学校で出されたもの以外は食べない）
- 給食の対応についての確認（現在の除去食と代替食の確認）
- その他、不安に感じていること（本人の特性など）

教職員への周知と事実報告、校内研修
- 本人の状況と禁忌事項（医師からの指示等）についての報告
- 生徒指導担当とも連携して、学校におけるお菓子の対応について協議し方針を決定
- 食物アレルギーに関するヒヤリ・ハット事例を用いた校内研修の計画立案、実施

食物アレルギー（卵）

集団への対応（保健指導や学校保健委員会等）
・食物アレルギーについての保健だより
・保健だよりを活用して、学級担任による帰りの会等での保健指導
・学校でのお菓子の持込について、全校朝会で指導する
・学校保健委員会において、食物アレルギーのヒヤリ・ハット事例紹介

> これだけは！
> 押さえておきたいワンポイント

　家族で旅行したときのお土産を学級に持ってきて、クラスの友達同士で食べることのないよう、指導が必要です。理由は、お土産のお菓子の成分に、食物アレルギーの食材が入っている場合があるからです。
　学校では、学校給食において、食物アレルギーのある児童には、保護者と連携を図りながら、日々の給食について綿密な対応を行っています。給食以外の食料品を児童が口にすることによって、アレルギー事故が起きる可能性があります。場合によっては、アナフィラキシーを引き起こし重篤な症状となることも考えられます。また、アレルギー以外にも、万が一「食中毒」が発生した場合にも、原因を特定することが困難となります。

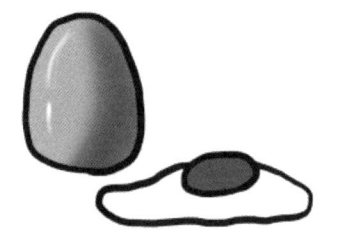

事例編

アレルギーの種類【食物アレルギー（種実類）】　　　事例番号　10

アレルギーについてしっかり検査しよう

対象児童生徒の学年・性別	小学3年　女子

H iyari・Hatto　事例の概要

【いつ】	給食中
【どこで】	教室

【何が・どのように・どうなった】
　給食でカシューナッツの4分の1を食べた後、口の中の違和感・口周辺の湿疹や腹痛を訴え来室しました。保健調査票でアレルギーについて確認しましたが、ピーナッツやピスタチオのみ記載され、カシューナッツについては特に記載されていませんでした。
　腹痛がひどくなり症状が重く感じられたため保護者に連絡し、救急車で搬送しました。アナフィラキシーと診断され、病院到着後は落ち着きました。本人から「カシューナッツを食べたら…」と言われたのでアレルギーの体制が迅速にとれましたが、申し出がなかったら対応が遅れ、アナフィラキシーショックになっていたかもしれないと思うと、ヒヤッとしました。

【ヒヤッとしたこと・ハッとしたこと】
・本人から「カシューナッツを食べたら…」と言われたので、アレルギーを疑い、ヒヤッとしました。

【アレルギー既往の有無】	あり
【医療機関受診歴の有無】	なし

食物アレルギー（種実類）

Cause　どうして起きたのか？（背景要因）

①「うちの子は、ピーナッツとピスタチオは食べないから大丈夫」という保護者の認識

　これまでの経験から、ピーナッツとピスタチオさえ食べなければ問題ないと、保護者は本人に言い聞かせており、学校からの問い合わせに対してもその一点張りで、病院にも受診していませんでした。給食に出た際は自分で除去して食べていましたが、本人（保護者）には、カシューナッツについての認識が全くありませんでした。

②アレルギーに関する知識不足

　保護者の態度に対し、学校も対応をしかねているのは、アレルギーに対する認識の甘さがあったからだと思います。

Learning　事例からの学びや教訓

①保護者、教職員、児童にアレルギーに関する知識を定着させる

　アレルギーについての知識がないとその重要性を認識していただくことはできません。しかし、アレルギーについて知る機会は、普段生活していてもなかなかあるものではありません。子どもの命を守るためにも、保護者には、保護者会や入学時説明会、修学旅行等説明会の際に、積極的に知識の普及啓発活動を行っていくこと、教職員には、事例を踏まえて校内研修を実施していくことが大切であることを学びました。

②アレルギーに関する対応説明会を行う

　アレルギーの知識があっても、いざ発作が起こった時にどうすればいいのかわかっていなければ迅速な対応ができません。

　アレルギー対応マニュアルを作成し、保護者にはその内容を説明します。教職員にはその内容をしっかり把握してもらい、迅速に対応できるよう理解のうえ協力してもらいます。

　アレルギー対応のフローチャートなどを職員室など目につくところに貼り、アレルギーに関する意識を持ってもらえるよう工夫していく必要を学びました。

事例編

事例編

【ヒヤリ・ハットを未然に防ぐための具体的な方策例】

保健管理から保健指導へ―個別対応―

救急搬送された翌日
〈健康相談での確認〉
- ・搬送後、どのような検査、医療的処置（服薬等）がなされたか
- ・医師からどのような指示があったか
- ・次回、受診日はいつか、検査結果はいつ出るのか
- ・昨日の受診後の体の状況はどうであったか
- ・保護者はこのことについて、どのように話していたか
- ・ピーナッツやピスタチオ以外にも、これまでに違和感を感じた食品があるか、その場合は、どんな状況であったか
- ・このことで困っていることはあるか

〈保健指導〉
- ・念のため、種実類は食べないように指導する
- ・食べてよいか判断に迷った場合は、相談する
- ・「食物アレルギー管理指導表」を渡し、次回、医療機関受診の際に記入・提出してもらうよう指導する
- ・食物アレルギーについて不安をあおることがないよう配慮しつつ、指導する

保健管理から保健指導へ―管理・指導・体制・連携の充実にむけて―

次回受診日（または受診結果が出た日）の翌日（できれば保護者同伴で健康相談）
健康相談出席者：本人、保護者、学級担任、養護教諭、栄養教諭等
- ・受診結果の確認
- ・医師からの指示事項の確認
- ・学校生活における注意事項の確認
- ・給食の対応についての確認
- ・その他、不安に感じていること

学校、本人と保護者の共通理解
- ・給食の献立表のアレルギー物質にマーカーを引きチェックする
- ・その子の専用献立表を使い、朝保護者と一緒に確認する
- ・代理食について検討する

教職員への周知と事実報告、校内研修
- ・アレルギーを持つ子どもの一覧を作り、周知する

食物アレルギー（種実類）

・学校の対応、体制について職員会議等で周知する
・職員室にアレルギーのある子ども一覧を貼り、給食指導等で代理で入る先生が必ず確認できる体制を作る
・アレルゲン物質が出た時の給食時における対応について保護者と確認した内容を周知しておく
　例）アレルギー物質が出たときには班の形にしないでみんな前を向いて食べる

事例編

> これだけは！
> 押さえておきたいワンポイント

　種実類とは、かたい皮や殻に包まれた食用の果実・種子の総称です。
　ピーナッツとそばアレルギーは重篤な症状を起こす傾向が強く、命に関わる可能性もあります。
　ピーナッツがだめだからといって種実類のすべてがだめというわけではありません。除去する食物を最小限に抑えることができるよう、検査を受けて正確な診断をしてもらうよう、保護者に対して健康相談を行う必要があります。

事例編

アレルギーの種類【食物アレルギー（牛乳）】　　　　　　　事例番号　11

咳で飛び散った牛乳がかかって発症！
―アレルギー症状を知らせない子ども―

| 対象児童生徒の学年・性別 | 小学3年　女子 |

Hiyari・Hatto　事例の概要

【いつ】	給食指導中
【どこで】	教室

【何が・どのように・どうなった】
　重度の乳アレルギーがあり、給食の乳製品は完全除去でエピペン®を処方されていました。学級では、食べるとき、他の児童と離れた座席で食べるようにしたり、本来ならば折りたたんで片づける牛乳パックを、牛乳の飛び散りが予想されるため、たたまずに、そのまま片づけるなどの配慮を行っていました。
　ある日の給食指導中、少し離れたところで牛乳を飲んでいた児童が、咳き込み、口に入っていた牛乳を飛び散らせてしまいました。その際、本人の腕に牛乳がかかってしまいました。しかし、そのことに、学級担任も他の児童も気がつきませんでした。
　5時間目になり、腕をポリポリ掻いている本人に、周りの児童が気がつき、学級担任に知らせました。腕は真っ赤に腫れて、じんましんのようになっていました。直ちに保健室で緊急時の薬を飲ませ、保護者へ連絡、病院に搬送しました。
　重篤なアレルギー症状が出ているにも関わらず、本人は何も言わないため、対応が遅れてしまいました。飛び散った牛乳が口や目の粘膜に入っていたら…、周りの児童も知らせてくれなかったら…と思うと、ヒヤッとしました。

【ヒヤッとしたこと・ハッとしたこと】
・重度の乳アレルギーがあるにも関わらず、飛び散った牛乳が腕に付いてしまって、さらにそこが赤く腫れて、かゆくなっている。そのことを学級担任や養護教諭、友人にも言わないで、周囲が気づくまで放置されていたことにヒヤッとしました。

【アレルギー既往の有無】	あり
【医療機関受診歴の有無】	あり（エピペン®処方・アレルギー管理指導表提出）

食物アレルギー（牛乳）

Ⓒause どうして起きたのか？（背景要因）

①アレルギー症状が出ているにも関わらず「申告しない」
症状が出ているのに「知らせない」ということは考えもしませんでした。重篤なアレルギーということで、綿密に保護者や主治医と連携をとり、対応をしてきたため、「まさか！」本人が症状が出た時は言うだろうと思い込んでいました。

②何らかの理由で牛乳に接触した場合の体制整備
保護者は「同じ教室で食べさせたい」という意向があったため、他の子ども達と少し離れた座席で給食を食べるなどの配慮をしていましたが、何らかの理由で牛乳が飛び散ることもあることを想定し、牛乳に触れてしまったときの対応が明確でありませんでした。

③本人の性格や生育歴を配慮した上での指導
乳幼児期からアレルギーによる食事や行動の制限、周りの積極的な関与や対応のため、本人の意識や行動は消極的（他人任せ）になっています。また、アレルギーに対する知識不足や、言うのは恥ずかしい（羞恥心）という気持ち、言ったらどうなるのだろうといった不安感から、「言えない」「言わない」という行動に繋がっているように思います。

Ⓛearning 事例からの学びや教訓

①補助教員を配置し、事故発生を未然に防ぐ
このような事故は一瞬で起きてしまうので、学級担任だけで把握するのは難しいと考えます。そのため、他の教職員を配置して、未然に事故を防止する、また事故が起きたときにすぐに対応できるようにするためにも、複数の教職員の目で、児童を見守っていく体制づくりの必要性を感じました。

②健康相談から個別の保健指導へ
本人の気持ちを配慮しながら、本人、学級担任と健康相談を行い、体調不良やアレルギー症状が出たときの、「知らせ方」を指導しました。

③保護者との話し合い
これまで、除去食やエピペン®、教室対応についての話し合いを重ねてきましたが、本人の心理面について保護者と話し合ったことはありませんでした。「みんなの前で言うのが恥ずかしい」「なんとなく言えなかった…」など初めて本人の気持ちを知ることができ、学校・家庭でのケアについても共通理解を持つことができました。

今後、アレルギー疾患を持つ児童のメンタルヘルスについても、十分配慮した対応が大切だと思いました。

事例編

事例編

【ヒヤリ・ハットを未然に防ぐための具体的な方策例】

保健管理から保健指導へ―個別対応―

入学（除去食対応開始）前
〈健康相談での確認〉
- 給食時の座席の位置はどこにするか
- 保護者に、補助教員*）を配置することについて同意を得たか
- 本人のアレルギーに対する気持ち、性格、理解力はどうか
- 本人のアレルギー認識はどの程度か
- 本人は、自分の体調や様子について、自分から話すことができるか
- 家庭でアレルギー反応が出た際、保護者はどのように対応しているのか
- 本人は家庭でアレルギー反応が出た際、知らせることができるか

〈保健指導〉
- 朝の健康観察でも、体調がよくないときは「○○が〜〜です。」と言うようにする
- 症状が出たときには、「すぐに」学級担任か補助教員に知らせる
- 「○○がかゆいです」「○○が痛いです」「苦しいです」など、様々な症状のシチュエーションを想定し、ロールプレイングを行い実際に言わせる
- アレルギー体質であることへのネガティブな感情を持っている場合は、継続的な心理的ケアを行う

*）重度のアレルギーがある本児童に対して、給食時に特別に配置した教員

保健管理から保健指導へ―管理・指導・体制・連携の充実にむけて―

入学後、学年進行時
健康相談出席者：本人、保護者、学級担任、補助教員、養護教諭、栄養教諭等
- 給食時の座席位置の確認
- 補助教員の紹介
- 除去食についての確認
- 給食の配膳方法、おかわり、代替食についての確認
- 症状が出た際の「知らせ方」の確認
- エピペン®使用時の確認（症状・連絡先・校内体制）

教職員への周知と事実報告、校内研修
- 学校の対応、体制の周知（場合によっては、文書等で明確化）
- 校内研修の計画立案、実施

食物アレルギー（牛乳）

  ・校内のエピペン®講習会（シミュレーション研修）
  ・学級担任不在時の対応について
集団への対応（保健指導や学校保健委員会等）
  ・学校保健委員会でアレルギーをテーマに、保護者や教職員の知識を深める
  ・保健だよりを活用して、学級担任による帰りの会等での保健指導

> これだけは！
> 押さえておきたいワンポイント

　アレルギー疾患を持つ児童の数は年々増えています。中でも、アナフィラキシーショックなど重篤な症状を示す子どもについては特に配慮が必要であり、特に「どこで食べるか？」は、悩みどころです。本人や保護者の意向をお聞きしますが、「一緒の教室で食べさせてほしい」といった声が多いように思います。文部科学省でも、基本的には「教室での対応が望ましい」となっているようです。そのために、校内アレルギー対応委員会を設置し、事故が起きないよう、また、万が一起きてしまったときのエピペン®使用や緊急体制について周知し研修を行っておきます。

　もし、別室での対応となった場合は、そのための配膳方法や場所の確保、また複数人いる場合の場所・補助教員・緊急時の対応等、検討すべき課題も多々あります。

事例編

事例編

アレルギーの種類【運動誘発性食物アレルギー（大豆）】　　事例番号　12

> いつもは平気だったのに…
> ―休み時間の鬼ごっこで発症―

対象児童生徒の学年・性別	小学3年　男子

Ⓗiyari・Hatto　事例の概要

【いつ】	給食後の昼休み
【どこで】	校　庭

【何が・どのように・どうなった】

　もともと本人はアレルギー体質で、ひどい花粉症や小麦・大豆アレルギーがありました。
　毎日とても活発で、少しくらいつらくても平気という性格の子どもでした。
　給食は毎日献立を確認し、保護者確認のサインがありました。また、定期的に保護者と学級担任、保護者、養護教諭、栄養教諭、管理職と健康相談を実施している子どもでした。
　お楽しみ給食で地粉うどんが出た日のことでした。びっしょりと汗をかいて、鬼ごっこをしていた昼休み、校庭から保健室に立寄り「先生、唇に何かできている？」と尋ねてきました。唇をぱっと見たところ、特に何もできていなかったので、「できてないよ」と伝えると、「気のせいか、大丈夫！平気！」と元気に鬼ごっこへ戻っていきました。
　昼休みが終わる頃、再び来室しました。「先生、なんか口の中が変なんだけど」という訴えでした。慌てて口の中、体全体をみると、口の中は真っ赤になり、唇も腫れていました。そして体全体にわたってじんましんが出ていました。熱も37.2度あり、だんだん呼吸もゼイゼイと荒くなってきました。すぐに救急車で医療機関を受診しました。その結果、給食の地粉うどんのつけ汁にアレルギー反応がありました。保護者の献立チェックも許可となっていた上に、いつも家では自家製うどんを食べても大丈夫だとの本人の認識もあり、食べたとのことでした。鬼ごっこをしているうちに違和感が出始めたとのことでした。
　唇の違和感を訴えた時に、もっときちんと確認すべきだったとヒヤッとしました。

【ヒヤッとしたこと・ハッとしたこと】
・いつもは平気な自家製うどんだったけれど、アレルギー反応が出てしまい、次第に悪化していることに、そのうち治るだろう、大丈夫だろうと軽く考えている子どもに、ヒヤッとしました。

【アレルギー既往の有無】	あり
【医療機関受診歴の有無】	あり（学級担任および養護教諭、栄養教諭、管理職とで月に一度の健康相談実施あり）

運動誘発性食物アレルギー（大豆）

Ⓒause どうして起きたのか？（背景要因）

①「いつも食べているから大丈夫」に油断した…
　献立について、保護者の確認のサインもあったし、いつもは食べているし、大丈夫だと安心していました。健康相談を振り返ると、栄養教諭からは「麺つゆ」について何度か確認がありました。いつもは大丈夫でも"もしかしたら"の食材には、食後、いつも以上に注意する必要がありました。

②アレルギー原因食材を食べた後の激しい運動
　「麺つゆ」を食べた後、すぐに激しい運動（鬼ごっこ）をしていました。その運動により、アレルギー反応が引き起こされるきっかけになったと考えられます。

③本人の大丈夫という言葉を過信し、怪しい兆候を見逃した…
　運動をし始めたころ、本人は唇の違和感を相談しに保健室に来室しました。さらに本人が「大丈夫！気のせい、平気！」と言い、鬼ごっこへ戻っていったので、それを信じてしまいました。その時にもっと確認し、運動を止めさせておけばよかったのに、と後悔しました。

Ⓛearning 事例からの学びや教訓

①"もしかしたら？"疑わしき食材の時は、目配り気配りを増やす
　健康相談時に栄養教諭から地粉うどんについて指摘がありました。しかし、本人・保護者との確認では大丈夫との事でした。"もしかしたら…"があるかもしれないとの心づもりや急変時の対応を本人に指導しておくとともに、学級担任・養護教諭も目配り、気配りをする必要がありました。

②違和感は放置しない、本人の"大丈夫"を過信しない
　本人に何らかの違和感の生じた時には、本人が大丈夫といっても、経過観察を行う必要があります。アレルギー反応は運動によって促進される場合があり、今回のことではまさにそうでした。

③本人の性格に合わせた個別保健指導の充実
　本人の性格傾向から、"少しくらい大丈夫"という頑張り屋の傾向がありました。しかし、アレルギー症状については、この我慢がマイナスとなってしまいます。月に一度の健康相談に加えて、日常的に声かけを行いながら頻繁に保健指導を重ねていく必要があると思いました。

事例編

事例編

【ヒヤリ・ハットを未然に防ぐための具体的な方策例】

保健管理から保健指導へ―個別対応―

受診直後、および月に一度の健康相談時において
〈健康相談での確認〉
- 受診時にどのような検査および薬の処方があったか
- 医師からどのような指示があったか
- 最近の状態や様子に変化はあるか
- 食後の運動制限や特定の食材についての運動制限はあるか
- 保護者からの心配事や学校への依頼事項は何か
- 緊急時の連絡体制や対応について
- 「学校生活管理指導表（アレルギー疾患用）」に記載の変更点はないか

〈保健指導〉
- 食事前には保護者の献立チェックを学級担任と再度確認する
- 食べてよいか判断に迷った場合は、学級担任から保護者へ連絡、相談する
- 運動中に少しでも体の異変や変化を感じた時はすぐに運動を止め申し出る
- 健康相談時以外でも様子に変化があった場合にはその都度健康相談を行う
- 常備薬の使用方法と用量についての確認

保健管理から保健指導へ―管理・指導・体制・連携の充実にむけて―

受診の翌日、保護者同伴で健康相談
健康相談出席者：本人、保護者、学級担任、養護教諭、栄養教諭、管理職等
- 受診結果の確認、処方薬の確認
- 医師からの指示事項、学校生活管理指導表の記載事項の確認
- 学校生活（体育、および運動や体を動かす遊びを含めた）注意事項の確認
- 給食の献立や配慮事項、学校での飲食に関することについての確認
- 常備薬の置き場の確認と服薬時の注意事項の確認

教職員への周知と事実報告、校内研修
- 今回の事故報告および本人の状況と禁忌事項（医師からの指示等）についての報告

・学校における対応・体制（給食・弁当持参時・体育・運動時・休
　　　み時間など）の確認、および役割の明確化
　　・校内事例研修の計画立案、実施
　集団への対応（保健指導や学校保健委員会等）
　　・給食集会時における食物アレルギーについての全体指導
　　・学級で給食時に保健だよりを活用して保健指導
　　・健康診断、発育測定時における保健指導
　　・学校保健委員会による協議および事例研修

> これだけは！
> 押さえておきたいワンポイント

　いつもは大丈夫であっても、時として、その時の体の状態や活動によって、アレルギー症状を呈することがあります。
　今回の発症は、食物依存性運動誘発アナフィラキシーです。原因となる食材を食べた後、運動によってじんましんや喘息等が引き起こされることをいいます。
　日本小児アレルギー学会によると、発症は食後2時間以内の運動負荷の場合が大部分であり、原因食物は、小麦製品と甲殻類が大部分で、発症時の運動は、負荷量の大きい種目が多いとされています。食物依存性運動誘発アナフィラキシーを予防するためには、原因となる食材を食べた後2時間は運動を避けること、すこしでも運動中に体の違和感を感じたらすぐに運動をやめて休む、処方された薬を服用するなどがあげられれます。
　（参考文献）
・「食物アレルギー診療ガイドライン　2012　ダイジェスト版」、日本小児アレルギー学会食物アレルギー委員会

事例編

アレルギーの種類【食物アレルギー（ピーナッツ）】　　事例番号　13

においをかいだだけでアナフィラキシーは起こるの？

| 対象児童生徒の学年・性別 | 小学3年生　男子 |

ⒽiyariˑHatto　事例の概要

【いつ】	給食中
【どこで】	教室

【何が・どのように・どうなった】

　給食中、「ミックスナッツのにおいをかいだらお腹が痛くなった子がいる。」と学級担任の先生から内線がかかってきました。

　その日の給食は、個包装された、ピーナッツ入りのミックスナッツ。

　その子にはピーナッツとナッツ類にアレルギーがあるため、配膳されていないはずです。

　学級担任の先生の付き添いのもと、保健室のソファに座らせてよく話を聞くと、となりの席の子が開けた袋のミックスナッツのにおいをかいだら、お腹が痛くなり始めたとのこと。

　次第にソファに座っていることもつらいと言い始めたので、足を上げてベッドに寝かせてバイタルサインを測定しました。

　呼吸器や粘膜の症状は見受けられませんが、腹痛が次第に強くなってきたためランドセルにあるお薬とエピペン®を教室から持ってきて、枕元に準備しました。

　すぐに飲み薬を飲ませ、慎重に経過をみていたところ、だんだんと腹痛も和らぎました。

　迎えに来た保護者に聞いてみたところ、以前にもにおいをかいだだけで腹痛が現れたことがあるとのことでした。

【ヒヤッとしたこと・ハッとしたこと】

・除去食対応をしており、接触もしないようにしていたのですが、まさかにおいだけでアナフィラキシーを起こすとは思わず、ハッとさせられました。

【アレルギー既往の有無】	食物アレルギー（ピーナッツ、ナッツ類）
【医療機関受診歴の有無】	あり

ⓒause どうして起きたのか？（背景要因）

①除去食対応を完璧に行っていたので、大丈夫だと思っていた
　除去食対応をきちんと行っており、ビニールに入った個包装のナッツだったので本人が触ってしまって発症することもないであろうと、安心しきっていました。

②身体が疲れていて、体調が万全ではなかった
　習い事や行事の練習が続いている中、体に疲れがたまっていて、体調が万全ではなかったため、アレルゲンに反応しやすかったことが考えられます。

③既往の確認不足
　保護者と面談をした際に、今までにアナフィラキシーを発症した時の様子をもっと聞いておくべきであったと感じました。

ⓛearning 事例からの学びや教訓

①"食べる""触れる"こと以外の原因でも、アナフィラキシーは起こり得る
　重度の食物アレルギーを持つ子どもは、食べる・触れる以外にも"吸い込む"だけでアナフィラキシーを起こす可能性があり、注意が必要であることがわかりました。

②アレルゲンを含む給食が提供される日は、安全のため別室で
　食物アレルギーを持つ児童生徒も可能な限り、皆と一緒においしく・楽しく給食を食べさせたいのは勿論です。ですが、アレルゲンに対して、少量の摂取や暴露でも症状が誘発されてしまう子に関しては、アレルゲンを含む給食が提供される日のみ、安全のため他の子とは別室で給食を食べる措置も時としてやむを得ないと思いました。

③既往の確認の重要性
　アナフィラキシーを起こした既往のある児童生徒に対しては、どのくらいの量に対してどのような症状が出現したのか、アレルゲンへの暴露量と具体的な症状と程度を予め聴取しておくことが必要だと感じました。

④健康観察の徹底
　毎日の健康観察を行う中で、食物アレルギーを持つ子に体調不良が見られた日はその旨を念頭に置きながら対応にあたるようにしたほうが良いと思います。

事例編

【ヒヤリ・ハットを未然に防ぐための具体的な方策例】

保健管理から保健指導へ―個別対応―

〈健康相談での確認〉
- 以前に発症した際のアレルゲンへの暴露量や、出現した症状と程度
- 家庭での食事の様子や、外食時に特に留意していること
- 学校生活における注意事項の確認
- 給食の対応についての確認（別室対応をすることについて）
- 学校生活で何か不安に思っていることはないか

〈保健指導〉
- 新たに症状が出現した場合は、速やかに報告する
- 次回受診時に「学校生活管理指導表（アレルギー疾患用）」を記入・提出する
- 体調不良時には給食後の体調の変化に注意する

保健管理から保健指導へ―管理・指導・体制・連携の充実にむけて―

健康相談出席者：保護者、管理職、学級担任、養護教諭、栄養教諭等
校内アレルギー対応委員会の開催
- 該当児童生徒の具体的対応について再検討する
- アレルゲンを含む給食が提供される日の別室対応について検討する
- 別室対応時に補助に入る教師の調整

教職員への周知と事実報告、校内研修
- 事故の発生状況と詳細の説明を行う
- アレルゲンを含む給食提供時の別室における対応方法の説明

健康観察の徹底
- 日々の健康観察で体調が悪い子には特に留意するよう伝える
- 特に食物アレルギーのある者の健康観察は給食前にも実施する
- 健康観察の結果、食物アレルギーのある者に体調不良が見受けられた場合は、あらかじめ養護教諭や栄養教諭（栄養士）に相談するよう伝える

食物アレルギー（ピーナッツ）

> これだけは！
> 押さえておきたいワンポイント

事例編

　食物アレルギーは"食べると発症する"という考えがまず第一にありますが、重度のアレルギーを持つ子どもの中には触れるだけで、または吸い込むだけでアナフィラキシー症状をきたしてしまう子どももいます。
　例えば、卵アレルギーを持つ子がゆで卵を作っている湯気を浴びただけで呼吸が苦しくなったり、牛乳アレルギーの子は飲み終わった牛乳のパックに付いたほんの少量の牛乳に触れただけで皮膚中にじんましんができてしまうこともあります。
　ピーナッツアレルギーの子どもが職員室のごみ箱のごみをまとめようとして、中に入っていて舞い上がったピーナッツの殻の破片を吸い込みアナフィラキシーショックをきたした例もあるといいます。
　食物アレルギーはいつ、どこで、何が原因で起こるかわからないため、日頃から養護教諭として教職員への注意喚起と啓発を行い、学校全体の危機意識を高めることも必要です。

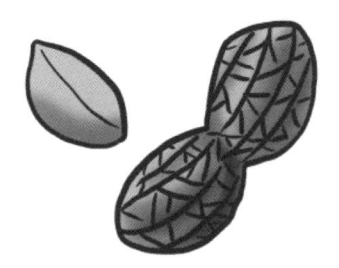

事例編

アレルギーの種類【食物アレルギー（エビ）】　　　　事例番号　14

| 給食センターなら安全だという思い込み…… |

| 対象児童生徒の学年・性別 | 小学4年　男子 |

Ｈiyari・Hatto　事例の概要

【いつ】	給食中
【どこで】	教　室

【何が・どのように・どうなった】
　入学時に甲殻類にアレルギーがあるという情報を把握して以来、ずっと代替給食で対応してきました。学校生活をすすめるうえで、定期的に保護者が来校し、養護教諭、学級担任などと面談を行っています。本児童もアレルギーに関してはしっかりと理解しており、他の児童たちもアレルギーや代替食について理解しています。
　その日の代替食は、「エビシュウマイ」が「肉シュウマイ」に替えられていました。しかし、代替食の「肉シュウマイ」を食べると、食べ残した方にエビのように見えるものが入っていることに本人が気づき、学級担任に伝え、保健室に来室しました。
　普段から代替食については献立表で何度もチェックをしているので、エビのように見えただけでエビではないだろうと思いましたが、一応うがいをさせ保健室で症状を観察していました。その間、管理職と症状の進行を想定しエピペン®の準備と保護者への連絡をしていました。また、養護教諭が給食主任も兼ねていたため給食センターへのシュウマイの材料の確認等を行っていました。徐々に口や手にかゆみを訴え始め、腫れも出てきました。
　その後すぐに保護者と病院を受診してもらいました。病院での処置で事なきを得ましたが、確認の結果、肉シュウマイではなくエビシュウマイが配食されたことが分かりました。

【ヒヤッとしたこと・ハッとしたこと】
・給食センターから届く給食に間違いがあるはずはないと思っていたので、まさか本当にエビシュウマイだったとは…。症状が出てきたのを見て、ヒヤリとしました。

【アレルギー既往の有無】	あり
【医療機関受診歴の有無】	あり

食物アレルギー（エビ）

ⓒause どうして起きたのか？（背景要因）

①給食センターへの信頼
　代替食については何重にもチェックしているので、「エビのように見えるが、まさかエビではないだろう」「給食センターで間違いが起こるはずがない」という給食センターへの全面的な信頼があったと思います。

②連携の不足
　養護教諭が給食主任も兼ねているため、児童の対応をしながら給食センターへシュウマイの材料を確認しなければならず、確認までの時間がかかりました。さらに、給食センターは校外の施設のため確認に時間を要しました。もっと組織的に動くべきでした。

③確認不足
　毎日、献立表のチェックは行っていましたが、給食の検食の結果の確認は行っていませんでした（＊本事例では、代替食のシュウマイにエビが混入していました）。

Ⓛearning 事例からの学びや教訓

①給食センターと連携した徹底的な対策
　思い込みを排除し、「人が作業する現場にはヒューマンエラーは起こりうる」と考えて、代替食の検食や給食センターとの緊密な連携をとることの大切さを学びました。

②緊急時に組織的に対応できる体制づくり
　救急処置活動と確認等の活動を同時に進行するなど緊急時対応を迅速に行うため、緊急時対応カード等の活用や、誰が何をするのか、落ちがないようにしていくための行動を項目化し、教職員全員が共通理解し、緊急時に活用できるよう具体策の整備が必要だと思いました。

③常に情報収集・対応策の検討が必要
　アレルギー対応給食としての「除去食対応」、「代替食・特別食対応」、「弁当持参」、「アレルギー専用調理室の設置」など様々な対応策について、定期的に検討することが大切だと感じました。

④発達段階に応じた対応
　児童に対して、発達段階等に応じた管理の方法の検討および改善の必要性を感じました。今回は子ども自身がエビが自分のアレルギーを引き起こす原因になることをよく理解しており、「エビのようなもの」を発見し、申し出たことが大事に至らなかった要因ともいえます。

事例編

事例編

【ヒヤリ・ハットを未然に防ぐための具体的な方策例】

保健管理から保健指導へ―個別対応―

〈健康相談での確認〉
- 受診した際、どのような検査、医療的処置（服薬等）がなされたか
- 医師からどのような指示があったか
- 次回受診はあるか、その場合、受診日はいつか
- 昨日の受診後の体の状況はどうであったか
- 保護者はこのことについて、どのように話していたか
- 原因について（給食センターへの確認事項を含む）
- このことで困っていること、わからないこと、不安なことはあるか

〈保健指導〉
- 食べてよいか判断に迷った場合は、相談する
- 食べたあと、不安・違和感などがあったらすぐに申し出る

保健管理から保健指導へ―管理・指導・体制・連携の充実にむけて―

次回受診日（または受診結果が出た日）の翌日（できれば保護者同伴で健康相談）
健康相談出席者：本人、保護者、学級担任、養護教諭、栄養教諭、状況により給食センター職員等
- 受診結果の確認
- 医師からの指示事項の確認
- 学校生活における注意事項の確認
- 給食の対応についての確認
- その他、不安に感じていること

教職員への周知と事実報告、校内連携体制の見直し、校内研修
- 献立表のチェックを十分に行う
- 本人の状況と禁忌事項（医師からの指示等）についての報告
- 給食の検食等、今後の具体的な対応策の提示
- 学校の対応、体制の周知（場合によっては、文書等で明確化）
- 校内研修の計画立案、実施（救急処置活動と進行のシミュレーション）
    ＊調理実習や行事時の食事なども関連させ管理・指導事項を明確にする

集団への対応
- アレルギーについての集団保健指導（保健だより、クラス等）

食物アレルギー（エビ）

・具体的な配慮事項についての保健指導
・保健だより等の活用による保健指導
・理解度の実態調査（個別指導、集団指導、学級経営にも活かす）
・学校保健委員会による協議

事例編

> これだけは！
> 押さえておきたいワンポイント

　学校で発症した給食による食物アレルギーの調査報告によると、出現した症状のうち、最も多いのは皮膚症状であり、次いで粘膜症状、呼吸器症状、消化器症状、ショック症状の順に多いことがわかっています（今井孝成：学校給食において発症した食物アレルギーの全国調査、日本小児科学会雑誌、110、1545-1549、2006）。

　中には強い腹痛だけが現れるパターンや、皮膚のじんましんと咳などの複数の臓器にまたがる症状が現れたりするなど、個々に発症する症状は異なります。保護者との面談の際、該当する児童生徒に特有の症状を聴取して知っておくことが重要ですが、その日の体調やアレルゲンへの暴露状況によっては、同じ子どもであっても、出現する症状はその限りではありません。

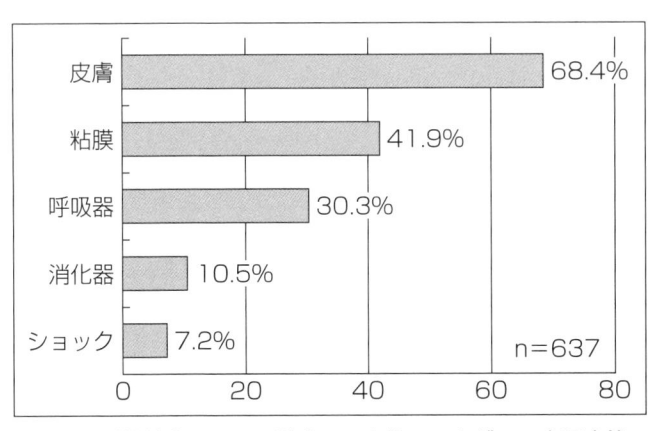

症状	割合
皮膚	68.4%
粘膜	41.9%
呼吸器	30.3%
消化器	10.5%
ショック	7.2%

n=637

図1　学校給食において発症した食物アレルギーの出現症状
（「学校給食において発症した食物アレルギーの全国調査」今井孝成より）

事例編

アレルギーの種類【食物アレルギー（アーモンド）】　　　　事例番号　15

> 医師から管理指導解除の指示があったのに
> 起きたアナフィラキシー！

対象児童生徒の学年・性別	小学4年　女子

Hiyari・Hatto　事例の概要

【いつ】	昼休み
【どこで】	教室

【何が・どのように・どうなった】

　給食後の昼休み、学級担任から保健室に連絡がありました。
　内容は、「ある児童がアーモンドを食べた後に喉がかゆいと言っているが、何かにアレルギーのある子かどうか、保健調査票で確認をしてほしい。」とのこと。
　保健調査票を調べると、食物アレルギーの欄に○がついていた形跡はあるものの上から修正液で消してあります。
　保健調査票上ではわからなかったため、学校栄養職員に確認をとったところ、昨年までアーモンドの除去対応を行っていたが、今年からは主治医の指示で除去が解除になったため、通常通り給食を提供していたということがわかりました。
　その後、学級担任と共に保健室に来室してもらうと眼の周りと顔に発疹があり、本人は口の中と喉がイガイガしていて、違和感があると訴えていました。
　患部を冷やして様子を見ているうちに症状は良くなり、大事には至らなかったのでほっとしました。

【ヒヤッとしたこと・ハッとしたこと】

・医師の指示で除去が解除になったにもかかわらず、症状が出てしまったことにヒヤッとしました。
・昨年までの除去対応の状況がわかる書面が何もないことに気付いてハッとしました。

【アレルギー既往の有無】	あり（現在は除去解除）
【医療機関受診歴の有無】	あり

食物アレルギー（アーモンド）

Ⓒause どうして起きたのか？（背景要因）

①保健調査票の修正
　除去が解除されたため、保護者が保健調査票のアレルギー欄を修正液で消してしまい、食物アレルギーがないとの記載になっていました。

②過去の除去対応の記録がなかった
　今年の除去対応者とその内容の一覧表はあるものの、昨年まで実施していた除去の状況がわかる書面がなにも手元になく、確認できませんでした。

Ⓛearning 事例からの学びや教訓

①医師の指示どおりにしていても絶対安心とは限らない！
　除去が不要と診断されていても、体調などによっては発症してしまう場合があることがわかりました。万が一に備えて常にていねいな観察をすることが大切だと感じました。

②保健調査票の記載欄の改善
　いつまた症状が出るかわからないので、昨年度までのアレルギーの状況が一目でわかるように、経年的に記載ができる保健調査票の様式に変更するか、アレルギー記録用の別の書面を作成するなどの工夫が必要であると思いました。

③記録を残しておく
　今回は栄養士が昨年のことを覚えていましたが、栄養士や養護教諭の異動もあるので、記録を残しておく必要があると思いました。

事例編

【ヒヤリ・ハットを未然に防ぐための具体的な方策例】

保健管理から保健指導へ―個別対応―

〈健康相談での確認〉
- 「食物アレルギー管理指導表」を渡し、再度医療機関を受診して医師の診断と指示を仰ぐ

〈保健指導〉
- 念のため、アーモンドを含んだ食品を食べないようにする
- 不安・違和感などがあったらすぐに申し出るよう指導する

保健管理から保健指導へ―管理・指導・体制・連携の充実にむけて―

健康相談出席者：保護者、管理職、学級担任、養護教諭、栄養教諭等
- 受診結果の確認
- 医師からの指示事項の確認
- 処方薬と服用のタイミングの確認
- 緊急搬送先と主治医の確認
- 学校生活における注意事項の確認
- 給食の対応についての確認
- 今までに症状を発症した際は、どんな状況であったか
- 学校生活で何か不安に思っていることはあるか

教職員への周知と事実報告、校内研修
- 一覧表の保管場所の周知と、養護教諭不在時の対応の確認
- 内服薬や連絡先等は常に最新の情報に更新する

食物アレルギー（アーモンド）

> これだけは！
> 押さえておきたいワンポイント

　食物アレルギーの原因となるものには、乳幼児期に多いものから順に卵・牛乳・小麦などがあげられます。しかし成長していく過程でこれらの食物に対して免疫が獲得され、耐性がつくことが多いため、卵や牛乳、小麦に対してアレルギーをもつ子どもの中には年齢と共に次第に食べられるようになる子どももいます。
　しかし、エビやカニなどの甲殻類や魚介類、ピーナッツ、ナッツ類やソバなどの食物に対しては免疫が獲得されにくいことがわかっており（今井孝成：特集　食物アレルギー最新情報　食物アレルギーの疫学と自然経過、小児科診療．25、7、1081-1087、2010）、経口免疫療法（減感作療法）などを行っても、食べられるようになる確率は低いとされています。
　そのため、医療機関で血液検査を行ってナッツ類などの特異的IgE抗体値の数値が下がったという結果だけで除去を解除してしまうことは、時期尚早である可能性があり、注意が必要であるといわれています。

事例編

アレルギーの種類【食物アレルギー（原因不明）】　　　　事例番号　16

体育の時間に、突然せきが止まらない

対象児童生徒の学年・性別	小学5年　女子

Ⓗiyari・Hatto　事例の概要

【いつ】	5時間目（体育）
【どこで】	校庭

【何が・どのように・どうなった】
　2学期も始まって間もない日の5時間目のことです。食物アレルギーの既往のない女子児童が外で体育の授業をしていたところ、突然咳が止まらなくなったといって保健室に来ました。水分補給をさせて様子をみていましたが、「のどや胸が苦しい」と訴え始めました。数分後、とても苦しそうになったので、学級担任から家庭へ連絡をして迎えに来てもらいました。
　保護者はすぐに病院に向かいましたが、待合室で待っているときの苦しそうな症状をみた看護師はすぐに診察室に案内しました。そして、診察した医師に「食物によるアナフィラキシーでしょう。このような状態のときは救急車を呼んでください。」と告げられました。
　保護者は、今まで食物アレルギーと診断されたこともなかったし、このような症状も出たことがなかったので、とても驚きました。そして、診察結果を学校に連絡しました。電話を受けた教頭と報告を受けた校長と養護教諭、学級担任は、咳や息苦しいといった症状が、食物アレルギーによるアナフィラキシーであったことに驚くとともに、すぐ保護者に連絡がつき、受診できたことにホッとしました。

【ヒヤッとしたこと・ハッとしたこと】
・「咳が止まらない」「のどや息が苦しい」といった症状が、食物アレルギーによるアナフィラキシーであったことを知りハッとしました。
・もし受診するのが遅かったらと思うとヒヤッとしました。

【アレルギー既往の有無】	なし
【医療機関受診歴の有無】	なし

食物アレルギー（原因不明）

Cause　どうして起きたのか？（背景要因）

①今まで食物アレルギーではなかった
　今まで食物アレルギーと診断されたことがなかったため、「咳が止まらない」「のどや胸が苦しい」という症状がアナフィラキシーであるとは考えてもみませんでした。

Learning　事例からの学びや教訓

①アナフィラキシーに対する知識
　どの子どもも、突然アナフィラキシーを起こす可能性があることを学びました。特に、食物依存性運動誘発アナフィラキシーでは、ある特定の食物を食べた後、2時間以内に運動することでアナフィラキシー反応が起こる可能性があります。給食を食べた後、体育や遊んでいるときに、突然じんましんが出てきて、呼吸がゼーゼー・ヒューヒューしてきたというような症状の訴えがあったら、アナフィラキシーを想定する必要もあることを学びました。

②医療機関受診と結果の把握
　今回は保護者に迎えに来てもらいましたが、保護者が医療機関に連れて行った場合には、経過と受診結果を正確に把握する必要があり、また症状によっては学校から病院へ連れて行く必要もあると思いました。

事例編

【ヒヤリ・ハットを未然に防ぐための具体的な方策例】

保健管理から保健指導へ―個別対応―

〈健康相談での確認〉
- 医師からどのような指示があったか
- 他の児童への理解を得ることについて、保護者や本人の意向を確認したか
- このことで困っていることはあるか

〈保健指導〉
- アレルギー疾患の原因や給食後の運動時の体調不良に注意すること

保健管理から保健指導へ―管理・指導・体制・連携の充実にむけて―

個別対応マニュアルの確認（健康相談）
健康相談出席者：本人、保護者、管理職、学級担任、養護教諭、栄養教諭等
- 受診結果の確認
- 医師からの指示事項の確認
- 学校生活における対応についての共通理解
- 食物アレルギーに対する児童の診断結果について、他の子どもへの開示の有無の確認
- その他のアレルギーについての確認
- その他、不安に感じていること

教職員への周知と事実報告、校内連携体制の見直し、校内研修
- 帰宅後の様子や受診結果を把握する態勢を整える
- 救急時における校内対応マニュアルの作成
- 校内対応マニュアルに従い、教職員のシミュレーション
- シミュレーションした後、反省等について教職員で共通理解
- 共通理解した結果に基づき、対応マニュアルの改善
- 本人の状況と禁忌事項（医師からの指示等）についての報告
- 学校の対応マニュアル、体制の明確化
- 校内研修の計画立案、実施

集団への対応
- 食物アレルギーについての集団保健指導（クラス等）
- 本人への配慮事項についてのクラス児童への保健指導

食物アレルギー（原因不明）

> これだけは！
> 押さえておきたいワンポイント

　アナフィラキシーの対策は、原因の除去につきますが、学校生活の中で、初めてアナフィラキシーを起こすこともまれではありません。アナフィラキシーと診断されている子どもがいない学校においても、アナフィラキシーに関する基礎知識、対処法等について理解しておくことが大切です。
　特に、食物依存性運動誘発アナフィラキシーの場合には、原因となる食物を摂取して2時間以内に一定の運動をすることによりアナフィラキシー症状を起こします。また、症状を引き起こす運動の強さは個々で異なり、体調等が影響しますので、朝の健康観察も重要です。症状については、じんましんや呼吸困難・ショック症状等、重篤な症状に至る場合もありますので、午後にそのような症状がみられた場合には注意します。
　また、緊急時の対応についても、校内でシミュレーションし、共通理解しておくことも大切です。

事例編

アレルギーの種類【食物アレルギー（原因不明）】　　　　　事例番号　17

宿泊先で原因不明のアレルギー発症

| 対象児童生徒の学年・性別 | 小学5年　男子 |

*H*iyari・Hatto　事例の概要

【いつ】	1日目の活動後
【どこで】	宿舎

【何が・どのように・どうなった】
　1日目の活動が終わり、宿舎の部屋で友達とトランプをしていたところ、急に体中がかゆくなり、大小様々な大きさのじんましんが出てきました。アレルギー既往のない子どもでしたが、アレルギー反応を疑いました。アイスノンで冷やしながら様子をみていたところ、湿疹が増えかゆみも増したため、保護者へ電話で病院に連れて行く事への同意をいただき、宿舎の車で病院へ行きました。
　医師の診断は「おそらく何らかのアレルギー反応ではないか」とのことでした。再び保護者へ連絡し点滴の同意を得た後、症状は落ち着きました。医師に宿泊学習の続行の是非をお聞きしたところ、「この程度なら大丈夫でしょう。また出るようでしたら来てください。」とのことで、内服薬を処方されました。その夜は、養護教諭と一緒の部屋で就寝しました。
　2日目の就寝前に再び全身にじんましんが出たため、病院へ行ったところ、昨日と同じく点滴をし、症状が落ち着き次第、宿舎へ戻りました。
　最終日は、じんましんは出ませんでした。原因が特定できなかったため、いつ、症状が出てしまうのかとヒヤヒヤどきどきの3日間でした。

【ヒヤッとしたこと・ハッとしたこと】
・アレルギー既往のない子どもでしたが、アレルギー症状が出てきてハッとしました。
・原因物質がはっきりわからなかったため、いつ症状が出てしまうかヒヤヒヤしました。

【アレルギー既往の有無】	なし
【医療機関受診歴の有無】	なし

食物アレルギー（原因不明）

ⒸauseC どうして起きたのか？（背景要因）

①睡眠不足の可能性
　運動神経のよい子でサッカーを習っていました。宿泊学習の前日も練習に参加し、帰宅が午後8時過ぎでした。午後10時30分に就寝し、翌日はいつもよりも早い6時に起床しました。

②初めての宿泊学習に対しての不安
　ひとりで親元を離れる経験が初めてで、不安な気持ちを母に話していたことが後日わかりました。

③アレルギーの素因の可能性
　後日、本人にアレルギーについての健康相談を行ったところ、検査はしたことはないが、花粉の時期になると鼻水が多く出ることがあるとの話をしていました。

Ⓛearning 事例からの学びや教訓

①事前の保健指導の徹底
　子どもにとって、親元を離れて集団で過ごす宿泊学習は、事前の準備が肝心です。子どもへの指導ではもちろんですが、保護者へも説明会などで家庭での健康管理についてや、宿泊中の緊急連絡体制について周知しておくことの大切さを再認識しました。

②携帯電話は必需品
　治療の内容によっては（レントゲン撮影・CT・注射・点滴等）医師からの指示をただちに保護者へ伝え同意を得なければなりません。また、やりとりを繰り返すことも十分に考えられます。迅速な対応を行うために携帯電話は必ず持参する必要があると思いました。

③初発のアレルギー反応はいつおこるかわからない
　たとえ、事前の保健調査において、アレルギーの既往がなくても、アレルギーの素因があるかもしれないことを、念頭におくことが大切だと思いました。

事例編

事 例 編

【ヒヤリ・ハットを未然に防ぐための具体的な方策例】

保健管理から保健指導へ―個別対応―

宿泊学習出発前
〈健康相談での確認〉
- ・これまでのアレルギーに関する聞き取り
- ・宿泊学習で心配なこと、困ったことがないか

〈保健指導〉
- ・1週間前からは、特に規則正しい生活リズムに気をつけること
- ・十分な睡眠時間を確保すること。特に前日は9時間以上とること
- ・虫さされやけがの予防のため、長袖、長ズボンを着用(着替えも)

保健管理から保健指導へ―管理・指導・体制・連携の充実にむけて―

個別対応マニュアルの確認(健康相談)
健康相談出席者:本人、保護者、学級担任、養護教諭、栄養教諭等
- ・受診結果の確認
- ・学校生活における注意事項の確認
- ・学校生活や給食の対応についての確認
- ・その他、不安に感じていること

教職員への周知と事実報告、校内連携体制の見直し、校内研修
- ・事前の健康観察、規則正しい生活リズム作りへの指導の徹底
- ・保健調査票を見直し、鼻炎やせき、目のかゆみ、虫に刺されると腫れやすいといった項目にチェックがある児童を把握しておく
- ・緊急連絡先の明示、緊急時の対応についての確認
- ・本人の状況と禁忌事項(医師からの指示等)についての報告
- ・学校の対応マニュアル、体制の明確化
- ・校内研修の計画立案、実施

集団への対応
- ・保健だよりを活用して、学級担任による帰りの会等での保健指導
- ・急な湿疹・かゆみ・じんましん・息苦しさ等の自覚症状等の実態調査
- ・児童の実態を踏まえた集団保健指導、学校保健委員会による協議

食物アレルギー（原因不明）

> これだけは！
> 押さえておきたいワンポイント

　アレルギーの既往はないと思っていた児童が、様々な原因で急にアレルギー反応を呈することがあります。食物アレルギーをはじめ、ダニやカビ、虫刺され、発汗や紫外線、急激な温度変化などが挙げられます。
　また、心理面も大きく関係しています。ストレスが増大することで、アレルギーが悪化するとも言われています。慣れない環境で緊張が高まると、ストレスも大きくなります。

事例編

事例編

アレルギーの種類【食物アレルギー（多数・エピペン®所持）】　　事例番号　18

養護教諭不在でエピペン®対応に戸惑ってしまった教職員

対象児童生徒の学年・性別	小学6年　男子

Ｈiyari・Hatto　事例の概要

【いつ】	放課後（運動会の練習のあった日の下校時）
【どこで】	校門を出て300mくらい歩いた場所

【何が・どのように・どうなった】

　幼少期から数回にわたるアナフィラキシーショックを経験し、エピペン®を所持しています。小麦、牛乳、卵、キウイ、桃などアレルギー症状の原因となる食品数も多数でした。また、食器の洗い残しで原因物質が少しでも付着していると症状が発症します。そのため、給食の対応は難しく、本人の希望もあり昼食は毎日弁当を持参して学校生活を送っています。

　この日、養護教諭は午後から出張で不在でした。運動会の練習後、友達と下校をしていましたが300mくらい歩いたところで「気持ち悪い」といって座り込んでしまいました。たまたま、下校指導で通りかかった教員が発見し、「食物アレルギーの反応かな？」と心配に思いながら、とりあえず、担架で保健室まで運びました。

　養護教諭が出張から戻ると、子どもが横になっているベッドの周りを何人かの教員が囲んで経過を観察していました。1ヶ月前に行ったエピペン®の研修会で「迷ったら、エピペン®を使用しましょう」と教わっているので、先生方も緊張していました。

　ベッドで休んでいると、顔色も回復してきました。

　保健室に搬送してくれた教員は「『迷ったらエピペン®』といわれていたけれど、どうしてよいかわからないから、養護教諭に診てもらいたいと思った」と不安だった気持ちを話してくれました。

【ヒヤッとしたこと・ハッとしたこと】

・先生方が判断に迷い不安がっていたので、「本当にアナフィラキシーが起きていたら」と思うとヒヤッとしました。

【アレルギー既往の有無】	あり
【医療機関受診歴の有無】	あり

食物アレルギー（多数・エピペン®所持）

C ause　どうして起きたのか？（背景要因）

①自分の症状を伝えられない
　内気な性格傾向で日頃から自分の気持ちや状態を伝えることが難しい児童でした。自分で申し出るように伝えますが、なかなかできませんでした。
②校内研修はしたけれど……
　どうしたらよいかわからないというのが教員の心の声です。知識だけでなく体験を取り入れた研修が必要だと思いました。また、食物アレルギーの研修は初めてで積み重ねがありませんでした。
③職員間の共通理解不足
　職員はエピペン®を所持している児童の名前は覚えていましたが内向的な性格であり自分の症状を言葉で表現することが難しいということを知りませんでした。
④練習後の健康観察
　練習後の健康観察を必ず行うことは、校長の指導のもと徹底されていました。しかし、目視による健康観察だったため、不十分だったと思います。

L earning　事例からの学びや教訓

①本人へ保健指導と保護者の助言
　健康相談で得たことをもとに、本人の意識を高める指導が必要だと考えました。また、本人や保護者のストレスや心の問題を支援する姿勢で当面の目標などを話し合いたいと思いました。
②集団指導への発展
　今回の事例でも近くにいる友達が状況説明を行ってくれました。仲間の役割は重要であることがわかりました。そのため、保護者の了解を得て本児がエピペン®を持っていることや常時ランドセルに入っていること、すぐに助けを呼ぶことなど学級で指導しました。
③校内研修の工夫
　知識だけでなく、実際の場面想定をした研修を取り入れたいと思いました。実際にエピペン®を持つ児童がいる場合は、症状や既往を想定して実施したいです。健康観察の方法についても確認が必要だと学びました。
④進学先への申し送り
　進学先へ引き継ぎが必要だと思います。症状、アレルギー食品、その他必要な事項について引き継いでおくことが必要だと思いました。
⑤一般教員が判断場面にいた場合の難しさ
　結果的にアナフィラキシーショックを起こした訳ではありませんが、一般教員にとっては判断に迷う事例でした。

事例編

事例編

【ヒヤリ・ハットを未然に防ぐための具体的な方策例】

保健管理から保健指導へ―個別対応―

〈健康相談での確認〉
- 帰宅後の体の状況はどうであったか
- 医師からどのような指示があったか
- 家庭ではこのことについて話し合いをしたか、保護者はどのように話していたか
- 次回、受診日はいつか、食物負荷試験の予定や検査結果はいつ出るのか
- このことで困っていることはあるか

〈保健指導〉
- いつもと違うと思ったときは、早めに近くの大人に伝えるようにする
- 食生活や睡眠など、生活習慣の指導

保健管理から保健指導へ―管理・指導・体制・連携の充実にむけて―

個別対応マニュアルの確認（健康相談）
健康相談出席者：本人、保護者、管理職、学級担任、養護教諭等
- 病名・診断名
- アレルギーの原因物質
- アナフィラキシーショックの有無
- エピペン®の所持の有無と使用経験の有無
- 症状が出たときの初動
- 緊急時の対応
- 緊急連絡先
- 主治医
- 学校生活の配慮
- 本人の様子や特徴

教職員への周知と事実報告、校内連携体制の見直し、校内研修
- 実行できる校内対応マニュアルの作成および研修の実施
- 教職員の共通理解
- 本人の状況と禁忌事項（医師からの指示等）についての報告
- 学校の対応、体制の周知（場合によっては、文書等で明確化）
- 校内研修の計画立案、実施
- 消防署との連携、情報提供

食物アレルギー（多数・エピペン®所持）

集団への対応
・クラスの児童に対する本人への配慮についての保健指導

> これだけは！
> 押さえておきたいワンポイント

　本児童の場合、母親が用意したもの以外の物を食べることに不安が大きかったように思います。また、内向的な性格のため、思ったことが言えず、無理をして脳貧血を起こしてしまうことがありました。
　アレルギーの症状であるのかそうでないのか等、薬を保管してある場所やエピペン®を所持していることは、自分で言えるように指導します。
　また食物アレルギーの有無にかかわらず、生活習慣を整えることは大切です。6年生になり身長が急に伸びています。これまで以上に栄養や睡眠が重要になります。睡眠をしっかり取り、3食しっかり食べること、必要以上の除去食により栄養が偏らないようにすること、心配な場合は専門の栄養士に相談することなどを指導しておきたいものです。また今回のように運動会の練習が続くなど、エネルギーをたくさん必要とするときは帰宅後に補食をとるなど、エネルギー不足にならないようにすることもあわせて伝えます。

事例編

事例編

アレルギーの種類【食物アレルギー（サバ）】　　　事例番号　19

サバを除去し忘れて、学級担任も大慌て

対象児童生徒の学年・性別	小学6年　男子

Hiyari・Hatto　事例の概要

【いつ】	給食の終わり頃
【どこで】	教室

【何が・どのように・どうなった】

　給食終了後、学級担任が「誤ってサバを食べてしまいました。」と本人を連れて保健室へ飛び込んできました。サバ等の食物アレルギーのため給食で除去対応している児童でした。本人は「大丈夫」と言い、身体症状に特に変化は見られませんでした。

　「今日はどうしてサバを食べてしまったの？サバだとわからなかった？」と聞くと「お母さんが、朝用意をしてくれなかったから大丈夫だと思って……、サケだと思って全部食べてしまいました。」

　養護教諭がすぐに緊急連絡先の母親に電話をしたところ、小さい頃いろいろなアレルギーがあったので、念のため、アレルギーになりやすいサバを除去していたということでした。母親は、「本人が大丈夫だといえばそのままで平気です。」といい、本人はいつも通り授業を受けました。

　養護教諭が、かかりつけ医を受診して検査を受けるように勧めると快く受け入れてくれました。

【ヒヤッとしたこと・ハッとしたこと】

・除去食対応している児童を連れて、学級担任が慌てて飛び込んできたのでヒヤッとしました。

【アレルギー既往の有無】	あり
【医療機関受診歴の有無】	あり

Cause　どうして起きたのか？（背景要因）

①本人の認識不足
　給食で代替食が必要な場合は母親がいつも用意をしてくれたので、「用意していない＝食べても大丈夫」という認識が本人にあったようです。

②本人の知識不足
　これまでサバを食べる機会がなかったので、サバだと思わずサケだと思っていたと考えられます。この日の調理形態はフライだったので、衣がついていて見分けにくかったのでしょう。

③幼少期の除去食品をそのまま継続
　複数の食品にアレルギー反応がありましたが、新たに検査をすることもなく、あいまいなまま除去を続けていました。母親が「念のため……」という気持ちで除去していた食品もありました。

Learning　事例からの学びや教訓

①面談で原因となる食品を確認
　毎年面談を行い検査結果を確認しますが、除去の種類が多いと、症状が強く出る食品の印象だけが強くなりやすいことがわかりました。本児童の場合は卵の除去に注意が向いていました。すべての食品に注意が必要だと学びました。

②本人の認識を高める
　保健指導等を計画し、本人にも知識を与えていくことが必要だと思いました。自分で確認する習慣をつけることやわからないときに自己判断せず近くの大人に確認することなど自覚を高める必要があると思いました。

③学級担任が確認しやすいシステム作り
　学級担任が確認しやすいよう献立をわかりやすくするなど工夫が必要です。また、学級担任不在時にも連絡票等で自習課題と一緒に伝えるとよいと思いました。

④早期受診の勧め
　検査をしばらくしていないので、早い時期にかかりつけ医を受診して、検査をしてもらうよう保護者の理解を得る必要があることがわかりました。

事 例 編

【ヒヤリ・ハットを未然に防ぐための具体的な方策例】

保健管理から保健指導へ—個別対応—

〈健康相談での確認〉
- 最近検査した日はいつか、検査結果はでているか
- 医師からどのような指示があったか
- 受診した際、どのような検査、医療的処置（服薬等）がなされたか
- アレルギーの食品（サバ）を食べた時の体の状況はどうであったか
- 保護者はこのことについて、どのように話していたか
- これまでにも、誤って食べてしまうような経験をしたことがあるか、その場合は、どんな状況であったか
- 家庭ではどのような食物除去を行っているか、学校の対応と一致しているか
- 除去食品を提示し、本人が食べられないものを確認する

〈保健指導〉
- 受診して食物経口負荷試験などを行うことを勧める
- 食物アレルギーとはどういうものかを指導する
- 迷ったら食べない。誤って食べてしまった場合は、申し出る。検査ではどのようなことを行うのか（食物経口負荷試験など）について説明する

保健管理から保健指導へ—管理・指導・体制・連携の充実にむけて—

個別対応マニュアルの確認（健康相談）
健康相談出席者：本人、保護者、学級担任、養護教諭、栄養教諭等
- 受診結果の確認
- 食物経口負荷試験について確認する（実施の有無、今後の予定等）
- 学校生活における注意事項の確認
- 給食の対応についての確認
- 医師からの指示事項の確認
- その他、不安に感じていること

教職員への周知と事実報告、校内研修
- 本人の状況と禁忌事項（医師からの指示等）についての報告
- 学校の対応、体制の周知（場合によっては、文書等で明確化）
- 校内研修の計画立案、実施
- その他、必要に応じてアレルギーに関する情報提供

集団への対応
- 保護者の了解を得て、学級で保健指導を行う

食物アレルギー（サバ）

・保健だよりを活用して、学級担任による帰りの会等での保健指導
・学校保健委員会で食物アレルギーについて講演等を行い、地域や保護者の意識を高める

> これだけは！
> 押さえておきたいワンポイント

　食物アレルギーの検査方法として、血液検査の結果のみで食物アレルギーと言い切ることはできません。ある食物に対して血液検査で陽性反応が出たとしても、食べてみて全く症状が出ないことや、その逆の場合があります。
　不必要な食物除去は、子どもの低栄養や発育の遅れを招くだけでなく、家族や学校など、子どもを取り巻く環境にも大きな心理的負担を及ぼすこともあります。
　日本小児アレルギー学会では、HP上で「血中食物抗原特異的IgE抗体検査に関する注意喚起」として、血液検査を食物アレルギーの原因食物の診断としては推奨しない方針を打ち出しています。
　現在、食物アレルギーの診断で最もエビデンスが得られているのは、食物経口負荷試験です。食物経口負荷試験を実施している医療機関の情報等を保護者へ提供し、専門医による正しい診断を受けて、子ども達が安全で楽しい学校生活を送ることができるよう橋渡しができるとよいと思います。

〈食物経口負荷試験実施の目安〉
○抗原特異的IgE抗体陽性の食物を初めて食べてみたい
○明らかな誘発症状を経験してから1年以上経過している
○抗原特異的IgE抗体価が明らかに低下傾向を示す（必ずしも陰性化する必要はない）
○誤飲しても症状が出ない経験をした
○入園・入学を控えて正確な診断をしたい

　このような目的がある場合、専門の医療機関に相談し、食物経口負荷試験を実施したときは、学校に結果等を知らせてもらえるよう伝えます。

（参考文献）
・「よくわかる食物アレルギーの基礎知識　2012年版」、p.21、宇理須厚雄監修、独立行政法人環境再生保全機構、2013年7月

事例編

事例編

アレルギーの種類【食物アレルギー（ソバ）】　　　　　　　　事例番号　20

ソバ粉を吸い込んでも発症！？

対象児童生徒の学年・性別	中学1年　男子

ⒽiyariˑHatto　事例の概要

【いつ】	林間学校（蕎麦打ち体験）
【どこで】	2泊目の宿泊先

【何が・どのように・どうなった】
　林間学校2日目に、体験学習がありました。体験学習の種類としては、サンドグラス、籐細工、皮細工、パン作り、蕎麦打ちでした。B男は、ソバアレルギーがあるため、もちろん蕎麦打ち体験には参加せず、皮細工に参加していました。
　友達が蕎麦打ち体験に参加していたので、興味本位で様子を見に室内に入ったところ、吐き気・嘔吐があり、呼吸が苦しくなってしまいました。その後、持参していたエピペン®を本人に打たせ、救急車を要請して医療機関へ搬送しました。

【ヒヤッとしたこと・ハッとしたこと】
・蕎麦打ち体験をしている部屋にちょっと様子を見に行っただけでしたが、アナフィラキシー症状がでてしまったことにハッとしました。

【アレルギー既往の有無】	あり
【医療機関受診歴の有無】	あり

食物アレルギー（ソバ）

C ause　どうして起きたのか？（背景要因）

①食べなければ大丈夫と思っていた
　ソバは食べないので、室内に入るくらいなら大丈夫だと思っていました。室内に入っただけで、ソバ粉が体内に入って呼吸困難に陥ることは、考えてもみませんでした。

②室内に入らないよう指導していなかった
　食べるわけではないので、対応も万全だと思っていましたが、蕎麦打ち体験の部屋に入室しないよう指導しませんでした。保護者にも確認をしていませんでした。

L earning　事例からの学びや教訓

①食事以外の面でも配慮が必要
　ソバアレルギーは、食べないようにすることはもちろん、蕎麦打ち体験のようにソバ粉が舞う室内に入室しないようにすることも必要だと思いました。
　また、宿泊先の枕でアレルギーをきたすこともあります。ソバガラの枕を使っているか宿泊先に連絡して確認しておくことも忘れないようにしなければいけないと気付きました。

②保護者への事前確認
　留意事項について事前に保護者に十分確認しておけばよかったと思いました。
　林間学校前に保護者会が行われるので、そこで、「アレルギーのあるお子さんについて気になることがあったら、お知らせください。」と一声かけておけば、個別に保護者からの申し出があったのではないかと思いました。そうすれば後日、時間を設定して健康相談を実施することもできたと思いました。

事例編

事例編

【ヒヤリ・ハットを未然に防ぐための具体的な方策例】

保健管理から保健指導へ―個別対応―

〈健康相談での確認〉
- 宿泊学習前に「学校生活管理指導表(アレルギー疾患用)」を確認
- 宿泊学習の参加について、医師からどのような指示があったか
- 処方されている薬の内容は何か
- エピペン®は持参するか。エピペン®の保管先はどこか
- 宿泊学習で出される食事の材料の中で摂取できないものはあるか
- 食事以外で配慮することは何か
- 宿泊学習時における緊急時の保護者の連絡先は
- 緊急時に搬送する医療機関はどこか
- その他、悩んでいることや困っていることはあるか

〈保健指導〉
- (食事の中に蕎麦があれば)蕎麦を摂取しないように気をつける
- 蕎麦打ち体験に参加しない。蕎麦打ち体験の部屋に入室しない
- 体験学習の室内表示をするので、確認してから入室する
- 夜、枕などの寝具を使ってふざけたりしない

保健管理から保健指導へ―管理・指導・体制・連携の充実にむけて―

個別対応マニュアルの確認（健康相談）
健康相談出席者：本人、保護者、学級担任、養護教諭、栄養教諭等
- 医師からの指示事項について
- 持参薬の有無と管理方法について
- 献立表と原材料配合表などを参照し、食事の内容についての相談
- 他の生徒への周知について
- 宿泊先でアナフィラキシーを起こした場合の医療機関先について
  （日本アレルギー学会HPで探すことも可能）
- その他、不安に感じていること

教職員への周知と事実報告、校内連携体制の見直し、校内研修
- 宿泊先近くの医療機関の確認（日本アレルギー学会HP参照）
- アレルギーの原因と禁忌事項(医師からの指示等)についての報告
- 緊急時の救急処置体制と保護者への連絡方法
- エピペン®などの持参薬の保管場所の確認と研修の実施（エピペン®の使い方など）
- その他、必要に応じてアレルギーに関する情報提供

食物アレルギー（ソバ）

集団への対応
・アレルギーの有無について保護者会を通して確認する
・蕎麦打ち体験終了後しっかり手洗いをし、体についたソバ粉を払うなど、ソバ粉がついたままにしておかないよう指導する
・夜、枕などの寝具を使ってふざけたりしない
・体調が悪くなった友達がいたときの対応について指導する（体を動かさないよう横にならせ、すぐに複数の先生や周囲の大人に知らせる）
・林間学校のしおりの中に、緊急時の対応について掲載する

これだけは！押さえておきたいワンポイント

　ソバアレルギーのある子どもへの事前の指導内容としては、次のようなことが考えられます。
・体験学習を行う前に、自分が体験学習を行う教室と、蕎麦打ち体験の教室を確認しておきます。
・蕎麦を食べないようにするのはもちろんのこと、蕎麦打ち体験をする室内には、入室しないようにし、それに代わる体験を考慮します。
・誤って、蕎麦に関するものを食べてしまった場合は、吐き出したり、口の中をすすぐなどの対応をとります。
・口に入れてしまった場合、すぐに近くの人にそのことを伝え、エピペン®を持ってきてもらいます（本人をあまり動かさないようにすることに心がけます）。

事例編

アレルギーの種類【食物アレルギー（キウイ）】　　事例番号 21

> 既往がないので本人も大丈夫と言っていたが……

対象児童生徒の学年・性別	中学1年　女子

(H) iyari・Hatto　事例の概要

【いつ】	給食中
【どこで】	教室

【何が・どのように・どうなった】
　給食で出たキウイを食べた後、喉の違和感を訴え友人と一緒に保健室へ来室しました。本人は「大丈夫、大げさだよ。」と言っていましたが、友人が心配して保健室へ行こうと促したようです。
　喉の違和感のほか、部分的なじんましんも認められたため、本人に食物アレルギーの有無を確認しましたが、今まで特に食べ物で体調が変わったことはないとのことでした。保健調査票でも確認しましたが、特に既往歴はありませんでした。
　その日の給食でキウイを食べた後から何となくおかしいということから、食物アレルギーを疑い、管理職に連絡し、同時に保護者へ連絡し病院へ行くことにしました。
　幸い、それ以上症状が悪化することはありませんでしたが、検査の結果から、後日キウイアレルギーと診断されました。

【ヒヤッとしたこと・ハッとしたこと】
・今まで全く症状が出ていなかったので、もし急激に症状が悪化したらと思うとヒヤッとしました。大事に至らなくてほっとしました。

【アレルギー既往の有無】	なし
【医療機関受診歴の有無】	なし

食物アレルギー（キウイ）

Ⓒause どうして起きたのか？（背景要因）

①保護者が把握できていない食物アレルギーもある
　本人はもちろん、保護者もアレルギーがあることを知りませんでした。本人の体質や体調によって突然現れることがあることは知っていましたが、まさか身近で起きると思っていませんでした。

②症状が出ても、本人は大げさにしたくない
　中学生くらいになると、多少の違和感では本人が我慢してそのままにしてしまうことがあります。今回は友人が機転を利かせてくれたので大事には至りませんでした。

Ⓛearning 事例からの学びや教訓

①健康相談から個別の保健指導へ
　本人のアレルギーに対する認識を確かなものにするため、本人、保護者、学級担任、栄養教諭（学校栄養職員）等と健康相談を行い、共通認識を持つことが必要だと学びました。

②集団指導へつなぐ
　同様な生徒がいたとしても、自己判断で食べてしまうことのないよう、食物アレルギーに対する集団（クラス等）への保健指導につなげる、学校全体の実態を把握し、集団指導につなげることが必要だと思いました。

③教職員の研修の必要性
　学校全体で食物アレルギーに関する正しい知識理解のため、学校医等による研修の必要性を感じました。

事例編

【ヒヤリ・ハットを未然に防ぐための具体的な方策例】

保健管理から保健指導へ―個別対応―

〈健康相談での確認〉
- 受診した際、どのような検査、医療的処置（服薬等）がなされたか
- 医師からどのような指示があったか
- 次回、受診日はいつか、検査結果はいつ出るのか
- 昨日の受診後の体の状況はどうであったか
- 保護者はこのことについて、どのように話していたか
- これまでにも、同じような経験をしたことがあるか、その場合は、どんな状況であったか
- このことで困っていることはあるか

〈保健指導〉
- 食物アレルギー（口腔アレルギー症候群）とは何か、指導する
- 食べてよいか判断に迷った場合は、相談するよう指導する
- 「食物アレルギー管理指導表」を渡し、次回、医療機関受診の際に記入・提出してもらうよう指導する

保健管理から保健指導へ―管理・指導・体制・連携の充実にむけて―

健康相談出席者：本人、保護者、学級担任、養護教諭、栄養教諭等
- 受診結果の確認
- 医師からの指示事項の確認
- 学校生活における注意事項の確認
- 給食の対応についての確認
- その他、不安に感じていること

教職員への周知と事実報告、校内研修
- 本人の状況と禁忌事項（医師からの指示等）についての報告
- 学校の対応、体制の周知（場合によっては、文書等で明確化）
- 校内研修の計画立案、実施

健康観察の徹底
- アレルギーの症状について保健だより
- 保健だよりを活用して、学級担任による帰りの会等での保健指導
- 生徒の自覚症状等の実態調査
- 生徒の実態を踏まえた集団保健指導、学校保健委員会による協議

食物アレルギー（キウイ）

> **これだけは！**
> **押さえておきたいワンポイント**

　果物などで違和感を生じても、本人がアレルギーであることに気づいていないこともあります。通常は口腔内の症状が主な症状ですが、加工品の場合、気づかれないこともあります。

　学童期以降に果物や生野菜の摂取時に違和感を生じる症例は、血液検査や皮膚試験を参考にして仮診断で該当食品の除去を指導します。この時、多くのケースで加工品の除去は不要です。また除去品目数があまりに多い場合は、専門医のもとで舌下投与試験による確定診断が必要になります。

事例編

アレルギーの種類【ラテックスアレルギー（天然ゴムアレルギー）】 事例番号 22

まさか手袋で呼吸が苦しくなるなんて

対象児童生徒の学年・性別	中学1年　男子

ⒽIyari・Hatto　事例の概要

【いつ】	部活動中
【どこで】	校　庭

【何が・どのように・どうなった】
　本生徒は、バナナを原因とする食物アレルギーを持っていました。野球部の土日の練習時の弁当の合間にある軽食のバナナは栄養補給型ゼリー飲料に替えるなどして、徹底してバナナの除去をしていました。本生徒の自覚もしっかりとしていました。自己管理がきちんとできていました。
　新年度が始まった5月の野球部の練習中、校庭の整備を行っていた時のことです。側溝の掃除をするため、使い捨てのゴム手袋をはめて活動を開始しました。作業を始めてからしばらくすると、手のかゆみを感じ、汗ばんできたため部活動顧問に訴えました。が、活動による汗なのではないか、と顧問は判断。そのまま活動を続けました。職員室で部活動顧問から「手のかゆみを訴えた者がいる」との連絡がありました。「もしかして？！」とアレルギーのことが頭をよぎったので、校庭に行ってみると、本人がうずくまっているのを発見。手袋をはめたままの手で首元を押さえながら、呼吸が苦しい、と訴えていました。慌てて手袋を外させ、救急車を要請しました。

【ヒヤッとしたこと・ハッとしたこと】
・もし、職員室での報告を聞いたとき、すぐに駆けつけていなかったら……と思ったらヒヤッとしました。

【アレルギー既往の有無】	あり
【医療機関受診歴の有無】	あり：学校生活管理指導表の提出もあり

ラテックスアレルギー（天然ゴムアレルギー）

ⓒause　どうして起きたのか？（背景要因）

①本人のうっかり忘れ
　バナナアレルギーを持つ本人は、医師からの日常生活における注意事項として、アボカドやクリ、キウイ、天然ゴム製品には気をつけるようにと言われたことがあったそうです。このことについては、バナナアレルギーを発症した際の受診時に言われたにもかかわらず、うっかり忘れていたようです。

②健康相談実施の遅れ
　今回の件は中学1年に入学してすぐの、5月の出来事でした。年度当初で、まだ健康相談を行っておらず、細かな留意事項の確認が保護者と学級担任、部活動顧問、養護教諭の間で、行われていませんでした。バナナアレルギーでアナフィラキシーの既往があったので、早期にやるべきでした。

③部活動時の健康観察の徹底と緊急時の体制の確認不足
　職員室で部活動顧問がつぶやいた話を聞いた養護教諭が現場に急行し、たまたま緊急時の処置対応ができました。生徒の異変時、また様子に変化が見られた際の連絡体制や対応について、教職員間で周知確認する必要があると思いました。

ⓛearning　事例からの学びや教訓

①アレルゲンとなるものについての周知の必要性
　今回の事例で、部活動顧問から「まさかゴム手袋がアレルゲンとなるとは」との言葉がありました。職員研修などを通じて、生徒の持つアレルギーについての情報だけでなく、交叉抗原反応を含むアレルギー全般についての研修が必要だと思いました。

②アレルギー発症は時間と場所を選ばない：健康相談の必要性
　新学期早々ということで、健康相談をまだ行っていませんでした。しかし、生徒の活動は毎日ある中、アレルギーを引き起こす危険は隣り合わせにあると感じました。配慮を要する生徒については、教育活動（とりわけ部活動）の開始前に健康相談を実施し、家庭と学校、本人と相互に状況や対応、体制についての確認徹底を行う必要があると思いました。

③健康観察の徹底および養護教諭との連絡・相談の必要性
　生徒の活動は学校内のあらゆるところで行われます。校庭での活動は目が離れがちですが、今回の事例では部活動顧問の監督のもとに活動が行われたので、生徒が変調を顧問に訴えることができ、生徒の状態の確認に繋がりました。教室だけでなく、活動の場ごと、その担当の教員が健康観察を行い、気づいたことを養護教諭に報告・相談する体制が大切であると感じました。

事例編

事 例 編

【ヒヤリ・ハットを未然に防ぐための具体的な方策例】

保健管理から保健指導へ―個別対応―

〈健康相談での確認〉
- 受診した際、どのような検査、医療的処置（服薬等）がなされたか
- 医師からどのような指示および食物アレルギー学校生活管理指導表への追記記載事項があるか
- 次回の受診日はいつか、検査結果はいつ出るのか
- 昨日の受診後の体の状況はどうであったか
- 保護者はこのことについて、どのように話していたか
- 今後の日常生活（活動）で配慮すべき事項は何か
- 万が一、同様の症状が起きた場合の処置、対応について（主治医の指示を含む）

〈保健指導〉
- 医師の指示をきちんと守る
- 自分で食べてはいけないもの、触れてはいけないものを選別し、アレルギー発症を回避する行動ができるように指導および支援する
- 体調や体に変化があった場合にはすぐに申し出る
- 「学校生活管理指導表（アレルギー疾患用）」を渡し、次回、医療機関受診の際に再度確認、追記記入、提出してもらうよう指導する
- 交叉抗原反応について指導する

保健管理から保健指導へ―管理・指導・体制・連携の充実にむけて―

次回受診日（または受診結果が出た日）の翌日（できれば保護者同伴で健康相談）
健康相談出席者：本人、保護者、学級担任、養護教諭、部活動顧問等
- 受診結果および検査結果、処方薬の確認
- 医師からの指示事項の確認（学校生活管理指導表の記載も併せて確認）
- 学校生活（部活動含む）における注意・配慮事項の確認
- 緊急時の対応・体制の確認
- その他、相談事項

教職員への周知と事実報告、校内研修
- 事故（事実）報告（認識の深化）
- 緊急時の対応・体制の確立、徹底
- 健康観察（学級毎・授業毎・部活動毎）の徹底

ラテックスアレルギー（天然ゴムアレルギー）

集団への対応（保健指導や学校保健委員会等）
・アレルギーの交叉性について保健だよりで知識普及
・学校保健委員会における生徒の食物アレルギーについての自己学習発表
・学校保健委員会において食物アレルギーについての講話による全体研修
・全校集会における全体への保健指導

事例編

> これだけは！
> 押さえておきたいワンポイント

　今回の事例では、バナナに重篤なアレルギー反応を示す生徒が天然ゴムであるラテックス手袋にアナフィラキシーを起こしました。これは「ラテックス・フルーツ症候群」といわれ、バナナ・アボカド・クリなどにアレルギー反応を示す人が、ラテックスゴムにもアレルギー反応を示す、またはラテックスゴムにアレルギー反応を起こしたことのある人はバナナ・アボカド・クリ等にもアレルギーを示すといった交叉反応がみられることをいいます。
　自分の禁忌とするアレルゲンについて、交叉性を有するものが何か、把握しておくことで、アレルギーの発症を防ぐことにつながります。
　（参考文献）
・「ラテックスアレルギー安全対策ガイドライン　2013」、日本ラテックスアレルギー研究会　ラテックスアレルギー安全対策ガイドライン作成委員会

事例編

アレルギーの種類【花粉アレルギー（ユリ）】　　　事例番号　23

> 心的要因の咳だと思い込んでしまい……
> ―教室に入ると咳がでる―

対象児童生徒の学年・性別	中学１年　女子

Hiyari・Hatto　事例の概要

【いつ】	学級活動
【どこで】	教　室

【何が・どのように・どうなった】

　ある日、学級委員の女の子が激しい咳のため、学級担任に連れられ保健室にやってきました。学級活動の時間に、３年生を送る会の役割分担をするはずでしたが、クラスの協力体制が作れず話し合いがなかなか進まなかったとのこと。本生徒は学級担任からの期待も大きく、学級委員の役割が負担になっていることが考えられました。咳が激しく、真っ赤な顔をして涙ぐんでいたため、顔を洗い、うがいをさせました。クラスの様子や本人の思いを受容・共感しながら聞いていると、次第に咳は治まりました。本人も「気持ちの整理ができたので、もう大丈夫です。」と言って教室に戻りました。

　しかし、教室に戻るとまた激しい咳が始まったため、保健室に再度来室しました。目が赤く腫れ、鼻水も出ています。くしゃみも出始めました。よくよく話を聞くと、教室に入ると咳が出てきたとのこと。何かおかしいと思って教室を見に行くと、教卓の脇に大きなユリの花が飾られていました。ユリの花によるアレルギー症状だったのです。

【ヒヤッとしたこと・ハッとしたこと】
・心的要因の咳だと思いこんでいたことに気がつき、ハッとしました。

【アレルギー既往の有無】	なし
【医療機関受診歴の有無】	なし

Ⓒause　どうして起きたのか？（背景要因）

①心因性によるものとの思いこみ
　学級担任の先生の「クラスでの話し合いがうまく進まなくて……。」という言葉や、本人の「クラスの子が協力してくれなくてもうイヤ!!」という言葉で、すっかり「心的要因による咳」と思いこんでしまいました。

②体を診る……ことをおろそかにしてしまった
　1度目に来たときは、本人に状態を問診したり、症状の確認のために喉を見る、呼吸音を確認するなど、フィジカルアセスメントを行わずに対応をしてしまいました。洗顔してうがいをしたら落ち着いてきたので、なおさら生徒の気持ちばかりを聞いてしまいました。

Ⓛearning　事例からの学びや教訓

①フィジカルアセスメントをしっかり行うこと
　心的な要因かどうかは、きちんと体を診てから判断しなければならないことを痛感しました。たとえ心的要因による来室だと明らかな場合であっても、体の状態を的確に把握することが養護教諭にとって、とても大切なことだと学びました。

②現場に足を運ぶこと
　「何かおかしいな？」と思っても、生徒の話だけで原因を突き止めることができないときもあります。「おかしいな」と思ったら、現場に足を運んで自分の目で確かめることが必要だということを学びました。

③教室に置く植物によりアレルギーを発症する
　切り花でもアレルギーを発症することを学びました。多くの児童生徒が学ぶ場である学校は、においの強すぎる花、花粉が飛びやすい花を飾るときは配慮が必要であることを学びました。また、観葉植物の土に発生したカビがアレルギーの原因になることもあり、動植物全般に配慮が必要だと学びました。

事例編

【ヒヤリ・ハットを未然に防ぐための具体的な方策例】

保健管理から保健指導へ—個別対応—

〈健康相談での確認〉
- 受診した際、どのような検査、医療的処置（服薬等）がなされたか
- 医師からどのような診断および指示があったか
- 次回の受診日はいつか、検査結果はいつ出るのか
- 受診後の体の状況はどうであったか
- 保護者はこのことについて、どのよう考えているか（話していたか）
- これまでにも、同じような経験をしたことがあるか、その場合は、どんな状況であったか
- このことで困っていること、不安なことはあるか

〈保健指導〉
- 花粉症とは何か、指導する
- 予防方法および症状が出た際の処置について確認・指導する
- 睡眠不足や疲労は、アレルギーの症状を悪化させる可能性があることから、基本的生活習慣を整えるよう指導する
- 心理的なストレスがアレルギーに影響を与えることもあるので、継続的に健康相談を行う
- 「学校生活管理指導表（アレルギー疾患用）」を渡し、次回、医療機関受診の際に記入・提出してもらうよう指導する

保健管理から保健指導へ—管理・指導・体制・連携の充実にむけて—

健康相談出席者：本人、保護者、学級担任、養護教諭、学年職員等
- 受診結果の確認
- 医師からの指示事項の確認
- 学校生活における注意事項の確認
- 学校給食への配慮事項の確認
- その他、不安に感じていること

教職員への周知と事後報告、校内研修
- 事実報告（多様なアレルギーについて認識を深める）
- 本人の状況と禁忌事項（医師からの指示等）についての報告
- 学校の対応、体制の周知（緊急事態発生時の対応）
- 校内研修の計画立案、実施（校内での動植物の取り扱いについて）（学校環境衛生とアレルギーの関連）

花粉アレルギー（ユリ）

・学校環境衛生の日常点検の徹底（換気・臭気・清潔等）
集団への対応（保健指導や学校保健委員会等）
・アレルギーについての保健だより発行（花粉症とは？花粉症の予防。もし症状が発症したら。花粉症と食物アレルギーの関連等）
・保健だよりを活用して、学級担任による帰りの会等での保健指導
・花粉症の実態調査。生徒保健委員会による調べ学習、発表
・学校保健委員会による協議

> これだけは！
> 押さえておきたいワンポイント

　美しい花を眺めていると心が和みますが、ユリのような強い香りの花は、頭痛を引き起こしたり、気持ちが悪くなったり、花粉によるアレルギー症状が出たりします。花粉症はスギ花粉だけが原因ではないのです。「風媒花」と呼ばれる「風に花粉を乗せて受粉させる植物」が花粉症の原因として多いようです。
　花粉症予防の第一歩は、「花粉を体に入れないこと」です。あらかじめユリの花を飾る時は、花粉を取り除いたり、風の強い日やユリの花の近くではマスクをしたりするなど、花粉を取り込まないようにすること、外出後、家に入るときは洋服についた花粉を取り除くことが大切です。病院で検査を受けて、原因となる植物を確定しておき、原因に沿った対処方法を考えておくことが大切となります。

事例編

事例編

アレルギーの種類【食物アレルギー】　　　　　　　　　事例番号　24

> ただのじんましんだから……家に帰れます

| 対象児童生徒の学年・性別 | 中学1年　女子 |

Hiyari・Hatto　事例の概要

【いつ】	給食の時間
【どこで】	教室

【何が・どのように・どうなった】
　5時間目が始まってすぐに、全身にじんましんが出てきたため、本人から教科担当の教員に症状を伝えました。教科担当は保健室へ行くように指示しました。その日は内科検診を保健室で行っていたので、養護教諭は検診に携わっていました。会場係の教員が「今は対応できないので職員室へ行くように」と、本人に伝えたそうです。生徒が職員室へ行くと学級担任がいたので、すぐに早退をすることになりました。学級担任から保護者に連絡をしましたが、保護者は家にいるが、車では迎えには行けないということでした。本人が「ただのじんましんだから大丈夫」というので、学級担任は生徒を自転車で帰宅させました。学校から生徒の自宅までは15分ほどでした。
　養護教諭が、内科検診を終えて職員室に行ったとき、ちょうど保護者から電話がかかってきました。自宅について様子を見ていたら急に呼吸困難になってしまい、今、救急車で病院へ向かっているという連絡でした。養護教諭は、本人が帰宅した経緯を知らなかったのですが、じんましんと発生時刻から給食を疑い、給食の献立表をもって、学級担任と共に病院へ直行しました。結果は、じんましんがたくさん出てしまったことに驚いたことへの不安等による過換気症候群でした。じんましんの原因ははっきりしませんでした。

【ヒヤッとしたこと・ハッとしたこと】
・もし給食の食材が原因のアレルギー症状だったり、運動誘発アナフィラキシーだったりしたら、と様々なことが考えられたので本当にヒヤリとしました。

【アレルギー既往の有無】	なし
【医療機関受診歴の有無】	なし

食物アレルギー

ⓒause どうして起きたのか？（背景要因）

①教職員のアレルギー症状への対応の知識不足
　じんましんが出ていたが、本人の報告を受けた養護教諭以外の教職員のアレルギーに対する知識が不足していたため、大丈夫と判断し、生徒を一人で下校させてしまいました。

②校内の救急体制が機能しなかった
　アレルギーを有する生徒については、全職員に周知していましたが、健康診断時など養護教諭が対応できないときの救急体制が機能していませんでした。

③入学して間もない時期で生徒理解が十分でなかった
　中学校は、小学校と異なり、保護者と連絡が取れ、自分で帰ることができる場合はそのまま帰宅させています。本人はとても頑張り屋であったため、迎えに来てほしいとはいえず、しかもじんましんが出たことは初めてだったため、大きな不安をもって自力で下校することになってしまいました。

ⓛearning 事例からの学びや教訓

①アレルギー・アナフィラキシー症状の対応研修の実施
　中学校は小学校に比べて、生徒自身が自分で判断し行動できることが増えてくるため、教員も生徒の意思に任せていることが多くなっています。しかし、アレルギー、アナフィラキシーなど命にかかわる状態は、生徒任せにしてはなりません。教職員の危機管理意識を高めるためにも、アレルギー対応研修などを計画して、すべての教員が慎重かつ迅速・適切な対応ができるようにしなければなりません。

②緊急時の校内救急体制および養護教諭不在時の対応の確認
　年度当初の提案だけでなく、校内研修などでシミュレーション研修を行うなど、機能する校内救急体制や養護教諭不在時の体制について研修を重ねる必要があると思いました。

③保健指導の重要性
　「自分の体を守れるのは自分」という健康意識を子ども達に日頃から指導していくこと。そして、自分の体の様子を相手にしっかりと伝えられるように様々な場面で指導していくことが大切だと思いました。

事例編

事例編

【ヒヤリ・ハットを未然に防ぐための具体的な方策例】

保健管理から保健指導へ―個別対応―

病院受診をした当日
〈健康相談での確認〉
- 受診した際、どのような検査、医療的処置（服薬等）がなされたか
- 医師からどのような指示があったか
- 受診後の体の状況はどうであったか
- これまでにも、同じような経験をしたことがあるか、その場合は、どんな状況であったか
- このことで困っていること、心配なことはあるか

〈保健指導〉
- 今回と同じ症状が出た場合は必ず医療機関を受診すること
- 疲れをためないよう、心と体を休めることが大切であること
- 過換気症候群とは何か、またその対応について
- 困ったときは必ず相談にくること

保健管理から保健指導へ―管理・指導・体制・連携の充実にむけて―

2、3日後の健康相談（本人と学級担任・養護教諭）での確認
- ゆっくり休むことができているか
- 不安なことはないか（不安はぬぐえたか）
- その後、じんましんやアレルギー症状は出ていないか
- その後、過換気症候群の発作は出ていないか

教職員への周知と事実報告、校内研修
- 事実報告（アレルギー発症の状況について認識を深める）
- アレルギーに関して配慮を要する生徒のリストの再確認と周知徹底
- アレルギー症状の恐ろしさと適切な対応の仕方についての研修の実施
- 学校の対応、体制の周知（緊急時および養護教諭不在時、健康診断実施時等）
- 校内研修（シミュレーションを取り入れた）の計画立案、実施
- 早退させる際の注意事項の確認と周知徹底

集団への対応（保健指導や学校保健委員会等）
- アレルギーの症状や対応方法についての保健だより
- 進学・進級時の心と体の状態と休養の大切さに関する保健だより

食物アレルギー

・過換気症候群の発作と対処法に関する情報提供（掲示物等の活用）
・保健だよりを活用して、学級担任による帰りの会等での保健指導

> これだけは！
> 押さえておきたいワンポイント

　今回は、給食後にじんましんの症状が出たので食物アレルギーを疑いましたが、原因はまだはっきりしていませんから油断できません。今後、食事の後に同じような症状が出た場合は、今回の献立と同じような食材を使っていないかを確認し、食物アレルギーや運動が誘発するアナフィラキシーに注意を払います。
　また、新しい環境では心身ともに疲れやすくなり、そのような場合にも今回のように身体に症状が出ることもあるので心身両面から考えることも大事といえます。

事例編

アレルギーの種類【食物アレルギー（果物）】 　　　　　事例番号　25

> 調理実習じゃないのに……食べたって何を？

| 対象児童生徒の学年・性別 | 中学1年　女子 |

H iyari・Hatto　事例の概要

【いつ】	2時間目の美術の授業
【どこで】	教室

【何が・どのように・どうなった】
　入学時の保健調査および保護者との面談で、花粉症であることと、りんごを含むバラ科の食品に関して口腔アレルギー症候群があることを把握していました。症状はひどくはないけれど、緊急時に本人が飲めるよう学校にも薬を預かっている生徒でした。
　2時間目の終了5分くらい前、友達に付き添われ咳をしながら本人が来室しました。「先生食べちゃった。声が出ない。」というのです。まずは、うがいをさせて状況を確認したところ、今は美術の時間。果物や野菜のデッサンをしていたそうです。美術担当の教員は、授業が終わりになるので、デッサンのモデルに使った野菜や果物を食べていいという指示を出したそうです。給食以外で調理実習でもないのに食べ物が食べられるので、子ども達は楽しくなってしまったようです。本人もアレルギーがあることを忘れてりんごを食べてしまいました。
　その直後、口とのどに違和感を感じ、りんごは食べてはいけない食品であることに気がつきました。保護者に連絡をとり、学校で預かっていた薬を本人が服用して症状は落ち着きました。

【ヒヤッとしたこと・ハッとしたこと】
・バラ科の食品に気付かず、症状が悪化していたら……と思うとヒヤッとしました。

【アレルギー既往の有無】	あり
【医療機関受診歴の有無】	あり（血液検査の結果、口腔アレルギー症候群が判明している）

食物アレルギー（果物）

Ⓒause どうして起きたのか？（背景要因）

①普段ではありえないシチュエーションでの飲食
　学校では、給食の時間以外に食べ物を口にできる機会は、調理実習以外にはほとんどありません。そのため、美術の時間にりんごやレモン、キュウリにトマト等のいろいろな食材を食べてよいとなると、生徒はうれしい気持ちと共に、食べたいという気持ちがより強くなってしまいます。通常では味わえない楽しい雰囲気の中では、自分のアレルギーのことは症状が軽いとわかっているだけに忘れてしまったようです。

②本人の知識と自覚の不足
　アレルギーの症状が出始めたのが、最近だったため、「何を」食べてはいけないのか、本人が充分に理解していませんでした。

③校内の情報連携が充分図られていなかった
　アレルギーを持つ生徒については、全職員に周知していました。さらに、調理実習の時などは特に注意して教科担当と情報交換をしていましたが、美術の担当とは、詳しい話はしていませんでした。

Ⓛearning 事例からの学びや教訓

①年度当初またはアレルギーの要配慮生徒の周知時の提案の工夫
　アレルギーを持つ生徒の情報提供や年度当初の緊急時の対応の提案をする際、今回のような具体的な事例を挙げ、安易に生徒に食物を提供することのないようにしようと思いました。今回は美術でしたが、お楽しみ会などでも食品を扱う際は、管理職、養護教諭および栄養教諭等に連絡を入れることを確認しました。

②健康相談と個別の保健指導
　本人のアレルギーに対する認識を確かなものにするため、本人、保護者、学級担任等と健康相談を行い、本人の食物アレルギーへの理解度を高め、しっかりと判断できるようにしました。

③集団の指導
　同様な生徒がいたとしても、周囲の生徒の気づきから食べてしまうことを止めることができるように、食物アレルギーに対する集団（クラス等）への保健指導につなげたり、学校全体の実態を把握し、集団指導につなげたりすることが必要だと思いました。

事例編

事例編

【ヒヤリ・ハットを未然に防ぐための具体的な方策例】

保健管理から保健指導へ―個別対応―

病院受診をした当日または翌日
〈健康相談での確認（保護者・本人・学級担任、養護教諭等）〉
- 受診した際、どのような検査、医療的処置（服薬等）がなされたか
- 医師からどのような指示があったか
- 学校で注意することや服薬のタイミング
- 昨日の受診後の体の状況はどうであったか
- 給食の対応について
- 今後同様な症状が出たときの連絡体制や対応
- このことで困っていることはあるか

〈保健指導〉
- どんな状況であっても、果物を口にするときは慎重に行動する
- バラ科の果物を具体的に認識させる
- 食べてよいか判断に迷った場合は、相談する
- 症状が現れたときやおかしいと思ったら必ず保健室に来室するか教員に申し出る
- 食物アレルギー（口腔アレルギー症候群）とは何か、指導する

保健管理から保健指導へ―管理・指導・体制・連携の充実にむけて―

翌日以降
- その後の体調の確認
- その他、不安に感じていること

教職員への周知と事実報告、校内研修
- 事実報告
- 本人の状況と禁忌事項（医師からの指示等）についての報告
- 学校の対応、体制の周知（場合によっては、文書等で明確化）
- 授業で食品を扱う際の注意事項の確認（管理職、養護教諭、栄養教諭等への報告を含む）
- 食物アレルギーの既往を持つ生徒の確認と再周知
- 校内研修の計画立案、実施

集団への対応（保健指導や学校保健委員会等）
- 花粉症と果物アレルギーの関係についての保健だより
- 生徒の「果物を食べて口がイガイガした」等の自覚症状等の実態調査

食物アレルギー（果物）

- 生徒の実態を踏まえた集団保健指導、学校保健委員会による協議
- 健康に関する自己管理能力を向上させるため、自身の健康状態を振り返らせる機会を作る（自分のアレルギーに関する既往歴を知る等）

> これだけは！
> 押さえておきたいワンポイント

　バラ科の果物には他に、桃や梨、さくらんぼ、イチゴなどがあります。それらを食べた時にも口に違和感が出たり、息苦しくなったりする可能性があります。また、アレルギー症状は様々な要因が重なった時に出やすいといわれています。ストレスや疲れがたまっていたり、月経の前後であったり、睡眠不足で体調があまりよくないときに出る可能性が高くなるといわれています。

事例編

アレルギーの種類【食物アレルギー（食物依存性運動誘発アナフィラキシーショック）】
事例番号　26

> まさか！！　部活動中の差し入れで……

対象児童生徒の学年・性別	中学2年　男子

Hiyari・Hatto　事例の概要

【いつ】	サッカー部、部活動終了後の下校中
【どこで】	下校の途中

【何が・どのように・どうなった】
　中学2年生になるときに転校してきたその生徒は、幼少期から小麦粉のアレルギーがあり、病院を受診していました。少しずつ食べられるようにはなってきていましたが、食物依存性運動誘発のアナフィラキシーショックを起こすということでエピペン®を処方されていました。給食では代替食の対応をしたり、家庭から弁当を持参するなどして、無事に1年が経過しようとしていました。
　年度末の健康相談で、保護者と養護教諭、学校栄養職員、学級担任の4者で次年度の対応の確認をしていたときでした。養護教諭が「学校では特に症状がでることはなかったようですが、いかがでしたか？」と尋ねたところ、学校では把握していない出来事があったことがわかりました。それは、部活動のときにお土産でもらったクッキーを食べてしまい、帰宅中にじんましんやのどの違和感などの症状がでて、帰宅後、慌てて薬を飲み、すぐにかかりつけ医を受診したとのことです。部活動中のことで、その事実を把握していなかったことにヒヤッとしました。

【ヒヤッとしたこと・ハッとしたこと】
・十分に管理していたと思っていましたが、アレルギーを発症していたことを把握できておらず、ハッとして血の気が引く思いでした。

【アレルギー既往の有無】	あり
【医療機関受診歴の有無】	あり

食物アレルギー（食物依存性運動誘発アナフィラキシーショック）

C ause　どうして起きたのか？（背景要因）

①部活動終了後の出来事
　部活動が終了し、部室で着替えをしている時のことだったので、顧問もまさかここでお菓子をたべているとは思っていませんでした。

②本人の認識不足
　食べられる食品も増えてきたし、部活動が終った後なので大丈夫だろうと思い食べてしまいました。また、うれしい場面で気が緩んだとも考えられます。

③集団への指導不足
　サッカー部員には、食べられないものがあることは伝えていましたが、詳細は知らせていませんでした。

④帰宅前の健康観察
　下校前に健康観察をしていれば、早期に気がつくことができたかもしれません。

L earning　事例からの学びや教訓

①集団の保健指導の重要性
　保護者の理解のもと、本人と関わりの多い集団に保健指導を実施しておいた方がよいと思いました。

②健康相談から個別の保健指導へ
　保護者とともに健康相談を行ったあと、長期および短期に目標を設定し、個別の保健指導を行うなど、「食べる」場面は様々あることや、そうした場面で自制できるように本人の自覚を深めることも大切だと思いました。

③校内研修で共通理解
　食物依存性運動誘発アナフィラキシーショックについて校内研修を行い、職員の意識を高め、運動の前後はしっかり健康観察を行うことが重要であることを確認しておくことが必要だと思いました。また休日等を含め、部活動等教育活動中の飲食については十分注意を払う必要があると思いました。

事例編

事 例 編

【ヒヤリ・ハットを未然に防ぐための具体的な方策例】

保健管理から保健指導へ―個別対応―

次年度に向けての面談日
〈健康相談での確認〉
- 最近受診したのはいつか
- 医師からどのような指示があったか
- 受診した際、どのような検査、医療的処置(服薬等)がなされたか
- 家庭での状況はどうか
- 学校で症状が出たことがあったか
- サッカー以外の他の活動場面ではどうか
- 処方されている薬について
- エピペン®の保管や使用方法について
- 今後、給食以外で必要な配慮はあるか
- 保護者はこのことについて、どのように話していたか
- 次回、受診日はいつか、検査結果はいつ出るのか

〈保健指導〉
- 食物依存性運動誘発アナフィラキシーショックについて
- 給食以外の食品にも細心の注意をはらう、自分で考え行動できるようにすること
- 迷ったら食べない、周りの大人に確認すること
- 症状が出たり、兆候が見られたら、早めに助けを求めること（授業や行事ではない場面でも）
- 持参している薬の服用方法やエピペン®の保管、使用について指導する

保健管理から保健指導へ―管理・指導・体制・連携の充実にむけて―

次回受診日（または受診結果が出た日）の翌日（保護者同伴で健康相談）
健康相談出席者：本人、保護者、学級担任、養護教諭、栄養教諭等
- 受診結果の確認
- 医師からの指示事項の確認
- 学校生活における注意事項の確認
- 給食の対応についての確認
- 給食後の運動について確認（部活動を含む）

教職員への周知と事実報告、校内研修
- 事実報告（様々な場面で発症することの認識を深める）

食物アレルギー（食物依存性運動誘発アナフィラキシーショック）

・本人の状況と禁忌事項（医師からの指示等）についての報告
・学校の対応、体制の周知（場合によっては、文書等で明確化）
・校内研修の計画立案、実施
・運動前後の健康観察の徹底

集団への対応（保健指導や学校保健委員会等）
・食物アレルギーや食物依存性運動誘発アナフィラキシーショックについて、学校保健委員会のテーマに取り上げる
・保護者の理解のもと、学級や部活動で集団の保健指導を行う
・部活動の合宿前などの機会に、集団指導を行う（休日等の部活動等での飲食について）

（指導内容例：①食物アレルギーとは、②食物依存性運動誘発アナフィラキシーショックについて、③いざというときに）

事例編

> これだけは！
> 押さえておきたいワンポイント

　運動と原因物質の組み合わせにより、初めてアレルギーの発症が誘発されます。運動前の４時間以内は原因物質の食べ物を避け、原因物質を食べたあとは４時間は運動をやめるとされています。多くの場合は原因物質の摂取後２時間以内で発症するとされていますが、確実に発症を抑えるためには、４時間くらい空けるのがよいとされています。
　運動時間にあわせて食事内容の計画を立てる必要があります。
　また、部活動は教員の目が行き届かない場面が多いものです。だからこそ自立に向けて重要な活動と言えます。子ども達自身がアレルギーについての知識を持ち、いざという時に適切な行動がとれるよう指導することが重要です。

（参考文献）
・「学校のアレルギー疾患に対する取り組みガイドライン」p.78、財団法人日本学校保健会、平成20年３月

事例編

アレルギーの種類【食物アレルギー（サバ）】　　　　事例番号　27

> まさか、アレルギーとは想像していませんでした

対象児童生徒の学年・性別	中学2年　女子

Ⓗiyari・Hatto　事例の概要

【いつ】	5校時授業中
【どこで】	教室

【何が・どのように・どうなった】
　5校時、国語の授業を受けていた時に、急に両腕・両足にじんましんを発症しました。あまりにもかゆいため保健室へ来室してきました。本人から話を聞いたところ、約1ヶ月前にも冬休みの部活動中にじんましんを起こしたとのことでした。
　この日の給食は、パン、牛乳、エビ団子と野菜のスープ、サバのみそ煮、ひじきの炒め煮でした。この生徒は、今までにアレルギーと診断されたことはありません。昼休みに、寒い中で遊んだと言っていたので、寒冷じんましんではないかと思い、薬を塗って様子をみることにしました。
　この日は、帰りの会が終了した後、通常どおり帰宅させました。単なるじんましんだという思いもあって、本人から保護者への報告でよいと思い、学級担任から保護者へは連絡しませんでした。それから約3週間後、保護者から連絡がありました。
　学校でじんましんが発症したその3週間後、自宅の夕食でサバを食べた後、じんましん、吐気、嘔吐があったので、医療機関で受診したところ、サバによって起こるアレルギーであると診断されました。
　以前じんましんが発症したときに連絡がなかったことについて、保護者から連絡がほしかったとの苦情がありました。

【ヒヤッとしたこと・ハッとしたこと】
・じんましんがでたことを保護者に連絡していなかったこと、連絡していれば2回目の発症は防ぐことができたのではないか、とヒヤッとしました。

【アレルギー既往の有無】	なし
【医療機関受診歴の有無】	なし

食物アレルギー（サバ）

Cause どうして起きたのか？（背景要因）

①じんましんの発症原因を安易に考えていた
　安易に寒さによるじんましんと思いこんでいました。初発のアレルギー発症を想定していませんでした。

②保護者に連絡していなかった
　体全体に出たじんましんでしたが、通常どおり下校できたので、特に気にとめないで、保護者に連絡をしていませんでした。

Learning 事例からの学びや教訓

①以前にもじんましんが発症していたからこそ丁寧な問診を
　以前にもじんましんが発症したことを生徒は申し出ていたのだから、丁寧に問診することが必要だったと思います。

②「じんましん」＝アレルギーを疑う
　アレルギーを念頭においてアセスメントすることだと思いました。特に初発のアレルギーの発症は、いつ、どのような場面で起こるかわからないことも認識しておく必要があると思いました。

③保護者への連絡は必須
　原因不明であるならなおさら、保護者に連絡し、すぐに専門医に診てもらうことが必要であったと思います。

事例編

【ヒヤリ・ハットを未然に防ぐための具体的な方策例】

保健管理から保健指導へ―個別対応―

〈健康相談での確認〉
- 受診した際、どのような検査がなされたか
- 薬は処方されたか
- 医師からどのような指示があったか
- 給食の制限はどの程度であるか
- 給食以外で配慮することは何か（調理実習や林間学校、修学旅行などの校外行事など）
- 周囲の生徒にサバアレルギーがあることについて伝えてもよいか
- じんましんが出た場合の緊急時の連絡先はどこか（医療機関・保護者）
- サンマ、イワシ、マグロ、カツオなどで症状を発症したことはあるか
- このことで困っていることはあるか
- 「学校生活管理指導表（アレルギー疾患用）」を渡し、次回、医療機関受診の際に記入・提出してもらうよう保護者に依頼する

〈保健指導〉
- サバ以外にもアレルギーを起こす可能性があるので、体調に異変があったら、教職員や保護者に申し出ること
- アレルギーが発症する食べ物またはその疑いがあるものは、食べないように注意する
- もしも食べてしまった場合は、吐く、口をゆすぐなどの処置をする

保健管理から保健指導へ―管理・指導・体制・連携の充実にむけて―

次回受診日の翌日（保護者同伴で健康相談）
健康相談出席者：本人、保護者、学級担任、養護教諭等
確認事項
- 検査の内容と受診結果
- 医師からの指示事項（処方された薬について）
- サンマ、イワシ、マグロ、カツオなどの魚類の摂取について
- 学校生活における注意事項（給食、家庭科、林間学校、修学旅行など）
- 給食の対応について
- 他の生徒への周知についての許可

食物アレルギー（サバ）

- その他、不安に感じていること

教職員への周知と事実報告、校内研修
- 事実報告（初発のアレルギー発症について認識を深める）
- アレルギーの原因と禁忌事項(医師からの指示等)についての報告
- 校内の緊急連絡体制について、教職員へ周知（連絡・救急処置の役割など）
- その他、必要に応じてアレルギーに関する情報提供

集団への対応
- 魚類のアレルギーについて保健だよりに掲載し、朝の会や帰りの会で保健指導をする
- もしも、食べてしまったら、学級担任の先生に申し出る
- 体調に異変を生じていることに気づいたら、教職員に申し出る（救急処置活動への参加）

事例編

> これだけは！
> 押さえておきたいワンポイント

　食物アレルギーの定義は、「特定の食物を食べることにより、皮膚・呼吸器・消化器あるいは全身に出てくるアレルギー反応のこと」を言います。

原因：鶏卵、牛乳・乳製品、小麦、ソバ、ピーナッツ、種実類・木の実類、甲殻類（エビ・カニ）、果物類、魚類、肉類等があり、様々です。

症状：じんましん、かゆみ、目の充血、せき、ゼーゼー、ヒューヒュー、呼吸困難、吐き気、嘔吐、腹痛などがあります。アナフィラキシーショックのような重い病状まであります。

治療：原因となる食物を摂取しないことが治療法であり予防法です。

（参考文献）
- 「学校のアレルギー疾患に対する取り組みガイドライン」p.59、財団法人日本学校保健会、平成20年3月

事例編

アレルギーの種類【食物依存性運動誘発アナフィラキシー（エビ）】 事例番号 28

> エビフライをおかわりして食べた後、運動したら大変なことに……

対象児童生徒の学年・性別	中学2年　男子

Hiyari・Hatto　事例の概要

【いつ】	5校時の体育の授業中
【どこで】	運動場

【何が・どのように・どうなった】
　5校時の体育の授業中にサッカーの試合をしていたところ、急に腹痛を起こしました。腹痛の他に、鼻づまりや呼吸の苦しさもありました。この日の給食を確認したところエビフライが出ていました。本人は、以前、食物依存性運動誘発アナフィラキシーと診断されていて、主治医からすでに運動前はエビを食べすぎないよう指導があったのですが、食欲旺盛なため、エビフライをおかわりしてしまいました。
　エビフライを食べたことを忘れてすぐに、体育の授業中にサッカーをしてしまったため、アナフィラキシーを起こしてしまったのです。その後すぐに保護者へ連絡し、医療機関へ搬送しました。
　この時、主治医からはまだエピペン®は処方されておらず、保護者との健康相談や学校生活管理指導表の記入・提出の依頼をする前のことでした。

【ヒヤッとしたこと・ハッとしたこと】
・医療機関での受診までに症状が急速に悪化して命を落としていたかもしれないと、ヒヤッとしました。

【アレルギー既往の有無】	あり
【医療機関受診歴の有無】	あり

食物依存性運動誘発アナフィラキシー（エビ）

⒞ause どうして起きたのか？（背景要因）

①食物依存性運動誘発アナフィラキシーと診断されているのに、エビを食べた後、すぐに運動してしまった

本人のアレルギーに対する意識の甘さがみられました。一度、アナフィラキシーを発症したにも関わらず、再度起こしてしまったので、アナフィラキシーのことについて再度指導しておく必要がありました。

②主治医からの薬の処方がされる前だった

これから主治医からエピペン®が処方されるところでしたが、処方される前の出来事だったので、学級担任や養護教諭、保護者との綿密な打ち合わせができていませんでした。

③周囲も気をつけて本生徒のことを見ておく必要があった

クラスの生徒は、本生徒にアナフィラキシーがあることを知りませんでした。知っていれば、周囲が本生徒に声かけをしてエビを食べないようにするなど、アナフィラキシーの防止につながったと考えられます。

⒧earning 事例からの学びや教訓

①食物依存性運動誘発アナフィラキシーの注意点について指導する

アナフィラキシーショックを起こすと、死に至ることもあるので、エビやカニなどの甲殻類を食べるのは控えることや、エビやカニを摂取した後は、最低でも2時間は運動しないことを必ず守るよう指導する必要があると感じました。

②薬の処方がされる前は、学級担任・保護者と連携を密にする

主治医からエピペン®が処方されるまでの間や健康相談を行う前は、特に、本生徒の行動や健康状態に気をつけてみていかなければならないと感じました。また、学級担任と養護教諭は、毎日の給食後の動きについて、注視していく必要があることを学びました。

③クラスの生徒に周知させる

状況によっては保護者了解のもと、クラスの生徒にアナフィラキシーについて周知させることが必要だと思いました。そうすることによって、本人の自制心とともに周囲からの行動規制などが働いたかもしれないと思いました。給食を食べる前に、毎日の献立の内容について読み上げることなどで、事故の防止につながったと思います。

事例編

【ヒヤリ・ハットを未然に防ぐための具体的な方策例】

保健管理から保健指導へ—個別対応—

〈健康相談での確認〉
- どのような検査がなされたか、検査結果についてはどうであったか
- 処方された薬の内容はどうであったか
- エピペン®は処方されたか
- 本人は、エピペン®の使用方法について理解しているか
- 医師からどのような指示があったか
- 給食は摂取できるか
- 給食以外で配慮することは何か（調理実習や林間学校、修学旅行などの校外行事など）
- 周囲の生徒にアナフィラキシーがあることについて伝えてもよいか
- 緊急時の連絡先はどこか（医療機関・保護者）
- 悩んでいることや困っていることはあるか

〈保健指導〉
- 食物依存性運動誘発アナフィラキシーとは何かを指導する
- 運動する場合は、エビやカニを摂取しないように気をつける
- エビやカニを摂取した場合は、最低でも2時間は運動はしないこと
- 主治医の指示に従うこと
- 体に変調があった時には、友達、教職員等すぐに申し出ること

保健管理から保健指導へ—管理・指導・体制・連携の充実にむけて—

次回受診日（または受診結果が出た日）の翌日（できれば保護者同伴で健康相談）
健康相談出席者：本人、保護者、学級担任、学年主任、養護教諭等
確認事項
- 検査の内容と受診結果について
- 処方薬など医師からの指示内容について
- 「学校生活管理指導表（アレルギー疾患用）」を渡し、次回、医療機関受診の際に記入・提出してもらうことについて
- かかりつけの医療機関と緊急時の医療機関について
- 緊急時の保護者への連絡先について
- 学校生活における注意事項について（給食、学校行事、処方された薬）
- 献立表とともに原材料配合表の配付など給食の対応について
- 他の生徒への周知について
- 給食後の体育や部活動への参加について
- 上記の内容を含め、保護者の同意を得た上で、食物アレルギーの取組プランにして地域の消防機関に情報提供すること

食物依存性運動誘発アナフィラキシー（エビ）

教職員への周知と事実報告、校内研修
　・事実報告（アレルギーの発症について認識を深める）
　・アレルギーの原因と禁忌事項(医師からの指示等)についての報告
　・緊急時の救急処置体制と保護者への連絡方法
　・エピペン®の保管場所
　・校内の緊急連絡体制を保護者に知らせ、保護者の了承を得て、教職員へ周知（連絡・救急処置の役割など）
　・学校から消防機関に救急要請（119番通報）する場合、エピペン®が交付されていることや、学校で注射したことなどを消防機関に伝達
　・校内研修において、練習用エピペン®トレーナーでの打つ練習
　・その他、必要に応じてアレルギーに関する情報提供
集団への対応（学年朝会の時や朝の会の保健指導等）
　・食物依存性運動誘発アレルギーのしくみについて全体へ指導する
　・エビやカニを摂取した後、最低でも2時間運動してはいけないこと。運動前はエビやカニを食べることを控えるなどアナフィラキシーショックの防止に努めること
　・原因食品は、小麦やエビやカニなどの甲殻類がほとんどであること。振り返ってみて気になることがあったら、医療機関への受診をすること
　・もし、アナフィラキシーを起こした場合は、体を動かさないで横にならせるとともに、すぐに複数の先生へ連絡し、協力を得ること

事例編

> これだけは！
> 押さえておきたいワンポイント

　多くの場合、原因となる食物を摂取して2時間以内に昼休みの遊び、体育や部活動などによりアナフィラキシー症状を起こします。原因物質は、小麦、甲殻類が多く、この症状を経験する頻度は中学生で6,000人に1人程度とまれです。発症した場合には、じんましんから始まり、高頻度で呼吸困難やショック症状のような重篤な症状に至るので注意が必要です。
　原因物質の摂取と運動の組み合わせで発症します。食べただけ、運動しただけでは症状は出ません。何度も同じ症状を繰り返しているのに、この疾患が診断されない例もあります。
　（参考資料）
　・「学校のアレルギー疾患に対する取り組みガイドライン」p.61・62、財団法人日本学校保健会、平成20年3月

事例編

アレルギーの種類【食物依存性運動誘発アナフィラキシー（不明）】

事例番号　29

> 運動したら全身がかゆくなって……

対象児童生徒の学年・性別	中学2年　男子

Hiyari・Hatto　事例の概要

【いつ】	体育の授業中
【どこで】	校　庭

【何が・どのように・どうなった】
　5時間目の体育の時間、陸上競技の練習で長距離走を行っていたところ、背中のかゆみを訴えて保健室へ来室しました。体操着を脱いで上半身を確認したところ、背中だけではなく、上半身全体赤みと発疹がでており、脈も速い状態でした。食物アレルギーを疑いましたが、保健調査票ではアレルギーの記載はありませんでした。本人に確認したところ、小学生の時に一度同じようなことがあった記憶があるとの返答でした。原因不明なので、ひとまず症状を抑えるために氷で冷やし、すぐに体育教員と学級担任、保護者へ連絡し病院を受診することにしました。診断の結果、食物依存性運動誘発アナフィラキシーで、原因はエビとのことでした。その日の給食のメニューを確認したところエビグラタンがでていました。

【ヒヤッとしたこと・ハッとしたこと】
・医療機関に搬送して受診するまでの間に、症状が重篤になっていたらとヒヤッとしました。

【アレルギー既往の有無】	なし
【医療機関受診歴の有無】	なし

ⓒause どうして起きたのか？（背景要因）

①症状が軽く、初発の場合は見逃しやすい
　家庭でも普通にエビを食べていて、保護者もアレルギーがあるとは気づいていませんでした。本人は少し違和感があったようですが、アレルギーとは自覚していませんでした。既往症として申し出がなかったため、まさかアレルギーの発症とは思いませんでした。

②運動で誘発されるアレルギーの知識不足
　食後の運動でアレルギー症状が現れた場合、食物依存性運動誘発アナフィラキシーを疑う必要性を感じました。

ⓛearning 事例からの学びや教訓

①再発防止のための体制づくり
　食物依存性運動誘発アナフィラキシーは、原因となる食物を除去することと同時に、食後の運動制限や給食後の授業時間割の確認をするなど、組織的な対応の必要性を感じました。誰が、いつどのような場面で発症するかわからない初発のアレルギー症状について、教職員全員が認識を深める必要があります。

②健康相談から個別の保健指導へつなぐ
　本人のアレルギーに対する認識を確かなものにするため、改めて、本人、保護者、学級担任、栄養教諭（学校栄養職員）等と健康相談を行い、共通認識と生活についての留意点や禁忌事項を確認することが必要だと学びました。

③集団指導へつなぐ
　食後の運動や部活動時に同じような症状が出た場合に備え、起こりやすい原因物質やアレルギーに対する知識を深め、集団指導につなげることが必要だと思いました。自分も友達も、体に変調をきたした時は気づいたら周囲の人（友達や教職員等）に知らせることを指導することが必要だと思いました。

事例編

【ヒヤリ・ハットを未然に防ぐための具体的な方策例】

保健管理から保健指導へ―個別対応―

病院受診をした翌日
〈健康相談での確認〉
- 受診した際、どのような検査、医療的処置(服薬等)がなされたか
- 医師からどのような指示があったか
- 次回、受診日はいつか、検査結果はいつ出るのか
- 昨日の受診後の体の状況はどうであったか
- 保護者はこのことについて、どのように話していたか
- これまでにも、同じような経験をしたことがあるか、その場合は、どんな状況であったか
- このことで困っていること、不安なことはあるか

〈保健指導〉
- 食物依存性運動誘発アナフィラキシーとは何か
- 今後の生活において類似する場面を想定し、その時の行動について指導すること
- 原因物質を食べてしまった場合、その後の運動は中止すること
- 身体に異変を感じたらすぐに周囲の人に申し出ること
- ストレスをためないような生活を心がけること

保健管理から保健指導へ―管理・指導・体制・連携の充実にむけて―

次回受診日（または受診結果が出た日）の翌日（できれば保護者同伴で健康相談）
健康相談出席者：本人、保護者、学級担任、養護教諭、栄養教諭等
- 受診結果の確認
- 医師からの指示事項の確認
- 学校生活における注意事項の確認
- 原因物質の特定
- その他、不安に感じていること

教職員への周知と事実報告、校内研修
- 事実報告（初発のアレルギー症状について認識を深める）
- 本人の状況と医師からの指示等についての報告
- 学校の対応、体制の周知（場合によっては、文書等で明確化）
- 校内研修の計画立案、実施

集団への対応（保健指導や学校保健委員会等）

食物依存性運動誘発アナフィラキシー（不明）

・食物依存性運動誘発アナフィラキシーに関する内容の保健だよりを発行
・保健だよりを活用して、学級担任による帰りの会等での保健指導
・ストレスと症状悪化の関係性の指導
・生徒の実態を踏まえた集団保健指導、学校保健委員会による協議
・児童生徒同士の身体の変調への気づきと対応の促し

事例編

> これだけは！
> 押さえておきたいワンポイント

　主な原因食品として、小麦（特に、植物油で調理している場合が多い）、甲殻・軟体類（カニ、イカ、エビ、貝類等）、ソバ、ナッツ類、果物（ぶどう、桃等）があります。また、誘発運動は、ランニング、テニス、サッカー等比較的激しい全身運動を行ったときに起こりやすいとされています。食事をとってから運動までの時間は2～3時間以内が多く、運動を始めて20～30分後に発症することが多いので、初期症状の気分不良、冷や汗、じんましん、皮膚のかゆみ等が認められたら直ちに運動を中止し安静にします。症状が急変し悪くなるような場合は、直ちに医療機関に受診させます。

事例編

アレルギーの種類【食物アレルギー（青魚）】　　　事例番号　30

> フライだから大丈夫だと思って……

| 対象児童生徒の学年・性別 | 中学2年　男子 |

ⓗ iyari・Hatto　事例の概要

【いつ】	給食中
【どこで】	教室

【何が・どのように・どうなった】
　本人は、いつも光りものの青魚はアレルギーがあることを自覚し、刺身などではいつも気をつけていたそうです。
　ある日、給食にでたアジがフライになっていたので、"まぁ大丈夫かな"との判断で食べたところ、体中が熱くなり、なんとなく体がかゆくなり保健室に来室しました。少し休んだところ症状が治まったので、かかりつけ医の受診を促し、保護者に迎えに来てもらい、帰宅しました。帰宅後、症状が落ち着いたので受診しなかったということでした。
　2週間後、キスのフライが給食にでました。本人はまだ未受診だったにもかかわらず、食べてしまいました。口にした後すぐ、学級担任に「口の中がなんかすごい熱い！」と訴えました。学級担任が本人を観察したところ、頭皮にはたくさんの発疹、顔面は紅潮し腫れ上がっていました。口の中を確認したところ、口腔内も真っ赤になり、喘息症状がでていました。
　教室ではすぐに食べるのをやめ、気休めに牛乳を飲んでみたのですが、どんどん体の火照りがひどくなり、息苦しくなってきたので、保健室に来室しました。
　すぐに救急車を要請し、医療機関を受診しました。

【ヒヤッとしたこと・ハッとしたこと】
・受診結果も出ないうちに再度発症したこと、さらに気休めに牛乳を飲んでしまい、アレルギーの原因として考えられる物質を重ねて口にしており、急速に重篤な状況になっていたらと思うと、ヒヤッとしました。

【アレルギー既往の有無】	あり（自覚のみ）
【医療機関受診歴の有無】	なし

食物アレルギー（青魚）

C ause　どうして起きたのか？（背景要因）

①食べ盛り、育ち盛り
　本人は野球部のエースでもあり、体格も大きく、毎日、給食をおかわりしても足りないと呟いているという背景がありました。この日の給食では、アジフライを除くと満腹を満たす量にならなかったことも原因にあるかと思います。

②調理方法が違えば食べられるだろう…との思い込み
　刺身や生で食べるときは常に食べないようにしていたようですが、フライになれば食べられるかもしれないとの本人の思い込みがありました。安易に「大丈夫だろう」と判断していたこと、アレルギーのあるものでも、形が変われば食べられるだろうと思って食べたことが背景にあると考えられます。

③一回目の反応以後の確認不足
　フライを食べて体に変調をきたした時にきちんと受診していたかを確認していませんでした。

L earning　事例からの学びや教訓

①初めての発症後の連絡、相談、確認の徹底
　体に変調をきたした時に、医療機関の受診を促した後の確認が重要であるということに改めて気づきました。また教職員と本人および保護者との連絡連携を密にし、医療機関での指示内容をその都度、確認すると共に、学校での対応や留意事項についての確認を相互で行う必要性を感じました。

②本人の自覚および食物アレルギーへの心構えについて再確認
　生でなければ大丈夫かもしれない、少しなら平気かもしれない、という本人の勝手な判断が発症につながりました。医療機関からの指示を守る姿勢を促すと共に、自分の身は自分で守るということを再確認させるため、個別指導を定期的に行う必要があると思いました。

③より多くの目（周囲の生徒、教職員、保護者）で生徒のアレルギー発症を防ぐ
　給食は集団での食事の場であるため、アレルギーの出る恐れのある食材が出た際に、本人が自己判断で食べることのないよう、周囲の生徒や教職員が気を配って声をかけることで、本人に注意を促すことができると考えられます。また、毎日の献立について保護者から本人へも注意を促してもらうことで気をつける姿勢ができます。本人自らが自覚し注意することはもちろんですが、周囲も配慮できることも必要だと思いました。

事 例 編

【ヒヤリ・ハットを未然に防ぐための具体的な方策例】

保健管理から保健指導へ―個別対応―

救急搬送した当日：病院受診日
〈健康相談での確認〉
- ・受診した際、どのような検査、医療的処置（服薬等）がなされたか
- ・医師からどのような指示、話があったか
- ・次回の受診日はいつか、検査結果はいつ出るのか
- ・受診後の本人の様子・状況はどうであったか
- ・学校生活においての留意事項および給食への配慮事項は何か
- ・また同じようなことが起きた際の対応や受診について
- ・保護者および本人は今回のことについてどのように話していたか
- ・このことで困っていること、不安なことがあるか（自制の工夫などを含む）

〈保健指導〉
- ・食物アレルギーとは何か
- ・給食等で魚が献立にある場合には、その都度、本人・保護者・学級担任の確認のもと、食べるかどうかの判断を確認すること
- ・自己判断のみで魚を食べることのないようにすること
- ・「学校生活管理指導表（食物アレルギー疾患用）」を渡し、次回、医療機関受診の際に記入・提出について依頼する
- ・万が一同じような症状が起きた場合には即座に学級担任や周囲の生徒に知らせること

保健管理から保健指導へ―管理・指導・体制・連携の充実にむけて―

受診結果が出た日の翌日
健康相談出席者：本人、保護者、学級担任、養護教諭、栄養教諭、管理職等
- ・受診結果および診断内容の確認
- ・医師からの指示事項、服薬の確認
- ・学校生活における注意事項の確認
- ・給食における配慮事項の確認
- ・学校と家庭での相互確認；緊急時の搬送先、対応、連絡先について

教職員への周知と事実報告、校内研修
- ・事実報告（アレルギーの発症状況の認識を深める）
- ・本人の発生時の様子および状況の伝達

食物アレルギー（青魚）

　　・学校生活における配慮事項、医者からの指示について周知
　　・緊急時における体制についての周知徹底
集団への対応（保健指導や学校保健委員会等）
　　・クラスでの周知徹底、食物アレルギーについての講話
　　・部活動時、お弁当を食べる際の配慮事項について部活動ミーティング時で保健指導
　　・保健委員会新聞による食物アレルギーに関する特集および学級活動での読み合わせ
　　・学校保健委員会で対策や実態についての報告・協議

> これだけは！
> 押さえておきたいワンポイント

　平成23年の即時型食物アレルギー全国モニタリング調査結果によると、全年齢における即時型食物アレルギーの原因食物は、魚類アレルギーが2％を占め、学童から成人で新規発症することの多い即時型の原因食物と位置づけています。魚類アレルギーを呈する人の多くは、特定の魚だけでなく、魚の種類に関係なく反応するともいわれています。一度、魚でアレルギー症状を起こしたことのある場合には、その後、魚全般について留意していく必要があることも指導した方がよいと考えられます。

（参考文献）
・「食物アレルギーの診療の手引き　2014」、厚生労働科学研究班「食物アレルギーの診療の手引き2014」検討委員会

事例編

アレルギーの種類【食物アレルギー（ソバ）】　　　　　　　事例番号　31

> 初めて蕎麦に触れた子が？！―林間学校の体験学習で―

対象児童生徒の学年・性別	中学2年　男子

Hiyari・Hatto　事例の概要

【いつ】	林間学校の体験学習中
【どこで】	学校外の体験施設

【何が・どのように・どうなった】
　2年生の林間学校で、2日目にグループごとの体験学習を行いました。数か所に分かれて行われる体験学習のうち、養護教諭は、宿泊施設で行われた活動に付き添っていました。離れた施設で行われていた蕎麦打ち体験の担当教員から「生徒が、喘息のような症状を発症した。」と連絡が入りました。すぐに管理職に報告し、蕎麦打ち体験の教員に本人を病院へ搬送するよう指示を出し、同時に養護教諭も病院へ向かいました。
　病院で本人の症状を確認すると、「蕎麦打ち体験の施設に入ってから、目がかゆくなってきた。」、「ソバ粉をふるいにかけるのを見ていたら、鼻水が出てきて、だんだんと息苦しくなってきた。」とのことでした。目が真っ赤に充血し、顔全体が赤く、肩で息をしている状態でした。
　本人はこれまでアレルギー症状を発症したことはなく、喘息等の既往歴もありませんでした。保護者に電話で状況を報告すると「家では蕎麦を食べないので、まさかソバアレルギーがあるとは知りませんでした。」とのこと。

【ヒヤッとしたこと・ハッとしたこと】
・林間学校で初発のアレルギー発作を起こし、原因がわからないまま対応しましたが、そのまま重篤な状況になってしまっていたら、とヒヤッとしました。

【アレルギー既往の有無】	なし
【医療機関受診歴の有無】	なし

食物アレルギー（ソバ）

ⓒause どうして起きたのか？（背景要因）

①蕎麦に触れたことがない生徒もいることを認識していなかった
　日本の伝統食である蕎麦ですが、食文化の変化や各自の嗜好により、家庭で蕎麦を食べない、触れたことのない生徒がいることを初めて認識しました。

②中学生になれば自分のアレルギーのことは自分でわかっていると思い込んでいた
　保健調査を活用し事前の準備は行っていましたが、中学生ともなれば、自分が何のアレルギーを持っているかを知っているものと思い込んでいました。成長過程で新たなアレルギーを発症することもあり、「これまでアレルギーを起こしたことがないから大丈夫」と言えないことを痛感しました。

③養護教諭の付添い場所を特に検討していなかった
　離れた場所にいたため、生徒の状態が分からない状況で対応が始まり、養護教諭も生徒も不安を感じました。蕎麦は重篤なアレルギーを引き起こす可能性が高いため、養護教諭は蕎麦打ち体験を担当するべきでした。

Ⓛearning 事例からの学びや教訓

①活動内容に合わせた健康管理の確認
　林間学校は山登りなど身体的負荷の大きい活動にあわせ、伝統工芸や食の体験学習などを組み合わせることが多くあります。活動内容に合せた危険予測を行い、それに沿った保健調査、健康管理を行うことが大切であることを学びました。

②緊急時対応の確認
　万が一の事態に備え、緊急時に搬送できる医療機関や搬送方法、救急処置を確認しておくことが必要です。本事例では、旅行業者との事前打ち合わせが功を奏しました。学校外での活動時は、実地調査や下検分で緊急対応時の搬送先等を確認するなど、教職員間だけでなく、旅行業者や校外学習先の担当者との確認が大切であることを学びました。

③活動計画への保健管理面からの提案
　蕎麦打ち体験など重篤なアレルギーを起こす可能性がある活動は、計画段階から教員の役割分担などを含め保健管理面での具体的な提案をする必要があることを学びました。児童生徒の健康・安全が確保できる活動を計画することが何より大切です。

④初発のアレルギー症状を疑う
　どのような場面でも初発のアレルギー症状が発症する可能性があることを認識しておくことは必要だと思いました。

事例編

事例編

【ヒヤリ・ハットを未然に防ぐための具体的な方策例】

保健管理から保健指導へ―個別対応―

【林間学校前】
〈保健調査内容〉
- 現在の健康状態の把握（受診状況や服薬も含む）
- 既往歴・持病の把握
- アレルギーの確認
- 緊急連絡先の確認

〈健康相談での確認〉
- 現在の健康状態と、考えられる症状
- 受診状況、医療的処置（服薬等）
- 医師からの指示（活動制限、緊急対応等）
- 緊急時対応
- 本人や保護者が感じている不安や、希望する対応

〈【集団】保健指導〉
- 基本的生活習慣を整え、健康管理に努めることを指導する
- 林間学校先での健康観察の重要性を伝え、自分だけでなく、周りの生徒の健康状態にも気を配れるようにする
- 食物アレルギーなど、突然体調を崩すこともあることを伝える。体調の変化を感じた場合は、早めに申し出ることを指導する

【林間学校後（アレルギーを発症した生徒に対して）】
〈健康相談での確認〉
- 受診した際、どのような検査、医療的処置（服薬等）がなされたか
- 医師からどのような指示があったか
- 次回、受診日はいつか、検査結果はいつ出るのか
- 受診後の体の状況はどうであったか
- 給食や調理実習等、学校での食物摂取で注意することの確認
- このことで困っていることや不安なことはあるか

〈保健指導〉
- ソバアレルギーとは何かを指導し、蕎麦は絶対に食べない、ソバ粉を扱う場所に近づかないことを指導
- 蕎麦以外でも食物を食べて体調に異変を感じた場合は、すぐに相談する
- 「学校生活管理指導表（アレルギー疾患用）」を渡し、次回、医療機関受診の際に記入・提出してもらうよう指導する

保健管理から保健指導へ―管理・指導・体制・連携の充実にむけて―

次回受診日（または受診結果が出た日）の翌日（できれば保護者同伴で健康相談）

食物アレルギー（ソバ）

健康相談出席者：本人、保護者、学級担任、養護教諭、栄養教諭等
　　・受診結果の確認
　　・医師からの指示事項の確認
　　・学校生活における注意事項の確認（調理実習、茶席体験等も含む）
　　・給食の対応についての確認
　　・その他、不安に感じていること
教職員への周知と事実報告、校内研修
　　・事実報告（初発のアレルギー発症の状況について認識を深める）
　　・本人の状況と禁忌事項（医師からの指示等）についての報告
　　・学校の対応、体制の周知（場合によっては、文書等で明確化）
　　・アレルギーに関する校内研修（原因、症状、救急処置等）の計画立案、実施
　　・行事検討委員会にて、保健管理面からの提案（活動内容の検討、計画）
　　・校外学習時の業者・地域医療機関との連携
　　・校外学習時における緊急体制の確認
集団への対応（保健指導や学校保健委員会等）
　　・アレルギー関係について保健だよりの発行
　　・保健だよりを活用して、学級担任による帰りの会等での保健指導
　　・生徒の食物アレルギーの実態調査
　　・生徒の実態を踏まえた集団保健指導、学校保健委員会による協議

> これだけは！
> 押さえておきたいワンポイント

　ソバアレルギーは、食物アレルギーの中でも落花生、エビ等と並んで重篤なアナフィラキシーショックを引き起こす可能性の高い、大変危険なアレルギーです。そのため、「食品衛生法第19条第1項の規定に基づく表示の基準に関する内閣府令」別表第4により特定原材料として定義される7品目のうちの1つとなっています。
　ソバアレルギーの人は、蕎麦を食べないことはもちろん、ソバ粉が含まれている菓子、ソバ殻の枕なども気をつけなければなりません。ソバアレルギーは、蕎麦をゆでたお湯や湯気でもアレルギーを発症することがあります。蕎麦を扱う体験学習への参加はもちろん、ソバ粉を使用した部屋での活動などにも十分注意を払う必要があります。
　蕎麦を食べて体調が悪くなった場合は、必ず病院を受診し検査してもらうことが大切です。

事例編

アレルギーの種類【食物アレルギー（カニ）】　　　事例番号　32

> みんなが食べている目の前の美味しそうなものを自分も食べてみたい……！

対象児童生徒の学年・性別	中学3年　男子

Ⅱiyari・Hatto　事例の概要

【いつ】	昼食時
【どこで】	修学旅行先であるシンガポールのレストラン

【何が・どのように・どうなった】
　カニの食物アレルギーのある生徒で、日常の学校生活でも除去食を個別に用意しており、養護教諭も毎給食時、当該生徒の給食については確認していました。当該生徒にアレルギーがあることは、周りの生徒も理解しており、アレルギー症状については、中学校入学後は一切発生しておらず、安心していました。
　中学3年生の10月、修学旅行でシンガポールに行きました。養護教諭は、シンガポールへの修学旅行の引率は3度目だったため、出先での食事については旅行先の施設等に確認し、本人が食べることができる食事を用意していました。
　2日目の昼食の時間は、大広間での食事でした。生徒を班ごとに座らせ、当該生徒の場所を確認し、用意された除去食についても確認しました。献立には、各班のテーブルにはチリクラブというカニの料理が大皿に盛り付けられていました。本人には、食事の前に、献立について十分説明をしており、食べるはずがないと思い込んでいました。
　養護教諭は自分の食事を終え、当該生徒の様子を見にいくと、大皿の料理に手を伸ばし食べているのを発見しました。慌てて近づくと、唇がほんのり腫れていました。本人は「おいしそうだったから」と言いました。周りの生徒からも話を聞くと本人が「大丈夫」と言ったとのことでした。その日、昼食後も、体調は悪化しなかったものの唇が腫れていました。

【ヒヤッとしたこと・ハッとしたこと】
・唇が腫れた程度で済んだものの、気付くのが遅かったら大事に至っていたかもしれないと、ヒヤッとしました。

【アレルギー既往の有無】	あり
【医療機関受診歴の有無】	なし

食物アレルギー（カニ）

C ause　どうして起きたのか？（背景要因）

①子どもの心理を理解していなかった
　事前に説明をしていたのだから、アレルギーの原因を食べるわけがない、と思い込んでいました。修学旅行が海外ということもあり、気分が高揚している本人の気持ちを考えられませんでした。

②態勢の不備
　日常の給食時と異なり、クラスごとでの昼食ではなく、大広間での学年全体での食事であったため、目が行き届かない部分も多くありました。

L earning　事例からの学びや教訓

①多くの目で生徒を見守る
　養護教諭だけでなく、学級担任や引率の先生方と本人のアレルギーに対する認識を確かなものにし、多くの目で生徒の様子を見守ることが必要だと学びました。

②本人だけでなく周りの生徒へも働きかける
　本人のアレルギーについては、周囲の生徒の理解を得てありましたが、食事の説明のときは、その都度、周りの生徒にも働きかけ、食べる行動を止める協力を得ること、友人からの働きかけに対しても耳を貸さない場合は、教員を呼ぶ、などの対応を考える必要があると学びました。

③子どもの気持ちを考えた対策
　別のテーブルを準備するなど、物理的に不可能な対策をとることも必要だと思いました。

事例編

事 例 編

【ヒヤリ・ハットを未然に防ぐための具体的な方策例】

保健管理から保健指導へ―個別対応―

〈事前の健康相談での確認〉
・修学旅行前に主治医を受診し、服薬や緊急対応についての指示を受けたか
・修学旅行前に保護者と緊急時の対応について具体的に話し合ったか
・海外の医療機関を受診する場合を想定して、英語に訳された主治医からの意見書（服薬・既往症等）または保健調査等を準備したか
・その他、不安なことはあるか

〈事後の健康相談での確認〉
・海外の医療機関を受診した場合は、医師から指示について書面で経過等を記載してもらい、保護者に報告するなど、修学旅行後、保護者に説明責任を果たしたか
・修学旅行後の体の状況を確認したか

〈保健指導〉
・医療機関等、日本と異なる環境であることを理解させ、軽視しないよう指導する
・禁止されている食物は食べないように指導する
・食べてよいか判断に迷った場合は、教員に相談する
・友達にも協力してもらうよう提案する

保健管理から保健指導へ―管理・指導・体制・連携の充実にむけて―

教職員への周知と事実報告、校内研修
・事実報告（アレルギー発症の状況について認識を深める）
・本人のアレルギーの状況と禁忌事項（医師からの指示等）についての情報共有を行う
・引率教員と旅行会社添乗員とで不測の事態をシミュレーションし、対応計画を立案しておく

集団への対応（保健指導や学校保健委員会等）
・海外での医療機関受診は日本のようにはいかないため、病気や事故が起こらないような行動が必要になることを、ヒヤリ・ハット事例を用いて指導する
・学級担任により、旅行中の食事内容について確認させる
・（本人および保護者の了解を得たうえで）学級で、本人の状況と周囲の協力について具体的な方法を指導する

食物アレルギー（カニ）

・学校保健委員会において学校医等から海外修学旅行における留意点等の助言を得る

> これだけは！
> 押さえておきたいワンポイント

　どの学校でも、食物アレルギーの生徒はいます。学校生活や課外活動においてもその都度食事について、細心の注意を払っていると思います。しかし、修学旅行では、生徒の気持ちも高揚しており、みんなが食べている昼食が「美味しそうに見えた」という気持ちが強くなることは大いに考えられることです。目の行き届かないことがないよう、個別にテーブルを用意するなどの対策も考えられます。周りの生徒達の協力も必要だと思います。
　特に海外の修学旅行では、日本と環境が異なり、食材や用意できる代替食に制約があったり、医療機関の搬送などは日本と同様にはできないことがあります。

事例編

アレルギーの種類【食物アレルギー（エビ）】　　　　　事例番号　33

いつの間に席替えしたの……？！

対象児童生徒の学年・性別	中学3年　女子

H iyari・Hatto　事例の概要

【いつ】	昼食時
【どこで】	修学旅行先の飲食店

【何が・どのように・どうなった】
　5月に修学旅行先の飲食店で昼食が出た際、エビアレルギーの生徒の席に「エビが除去されていない食事が用意されていて、食べてしまったかもしれない。」と別の生徒が学級担任に報告に来ました。学級担任から養護教諭に連絡が入り、すぐに本人のところへ向かいました。
　養護教諭が本人に状態を確認すると、「口や手がかゆい」と言ったので、すぐにうがいをさせ、本人が所持しているエピペン®をいつでも打てるよう用意し、病院を受診しました。
　学級担任と本生徒の友人らの話によると、生徒同士で席を替えてしまい、本生徒はあらかじめ決めておいた座席ではない席に着席して、除去されていない食事を口にしてしまったようです。
　修学旅行先の飲食店には事前に連絡をして、除去食を準備してもらっており、席も指定されていましたが、席を勝手に交換してはいけないことや、除去食について、昼食時に確認をしていませんでした。

【ヒヤッとしたこと・ハッとしたこと】
・本生徒の傍にいた友人がすぐに気づき、報告に来てくれたので早い対応ができましたが、食事毎のチェックや事前指導が十分でなかったこと、生徒達が勝手に席替えをしてしまったことなど、対応が遅れていれば、さらに症状が進んでしまったであろうことを思うとヒヤッとしました。

【アレルギー既往の有無】	あり
【医療機関受診歴の有無】	あり

食物アレルギー（エビ）

Cause どうして起きたのか？（背景要因）

①旅行業者に連絡をしただけでした
　事前に旅行業者に除去食を準備してもらうよう、連絡をしただけで、任せきりにしてしまいました。本人も普段からアレルギーについて気をつけており、しっかりした生徒であったため、除去食のことも理解していると思い、油断してしまいました。

②周知徹底、指導が不十分でした
　除去食やアレルギーについては普段から他の生徒も理解していましたが、座席を指定していたので大丈夫だと思い込んでおり、除去食が用意されているため、座席の交換などはしてはいけないことの事前指導が十分ではありませんでした。

Learning 事例からの学びや教訓

①事前確認だけではなく修学旅行中も随時確認をする必要性
　修学旅行中は学級担任や教員の目が行き届きにくくなります。生徒が誤ってアレルギー食品を口にすることがないよう、事前の確認はもとより、旅行中も、誰が確認するのかなど、役割分担などを徹底していく必要があることを学びました。

②個別指導と集団指導の徹底
　本人のアレルギーに対する認識の再確認と、修学旅行中の注意事項を本人、保護者、学級担任、栄養教諭（学校栄養職員）等と健康相談を行い、共通認識を持つことが必要だと学びました。

③細心の注意を払った計画準備の必要性
　どのような食事が旅行中に出されるのかを確認する際に、食物アレルギーのリストなどを作り、事前に本人や保護者に確認をしていただくなど、ダブルチェックをするなどの対策をとることにより、本人の意識も変わると考えます。旅行中に気持ちがはやる生徒の心理状態も想定し、事前指導および旅行中の目配りや指導が大切だと思いました。

事例編

事例編

【ヒヤリ・ハットを未然に防ぐための具体的な方策例】

保健管理から保健指導へ―個別対応―

〈健康相談での確認〉
- 修学旅行前に医師から何か指示はあったか
- 修学旅行前に家庭ではどのような話をしたか
- 受診した際、どのような検査、医療的処置(服薬等)がなされたか
- 受診した際、医師から今後について何か指示はあったか
- 次回受診はあるか、その場合、受診日はいつか
- 受診後の体の状況はどうであったか
- 修学旅行後、保護者はこのことについて、どのように話していたか

〈保健指導〉
- 勝手に席替えをしないように、指導する
  (事故防止のための配慮事項を守らないことがどのような結果を招くか、発達段階に応じて具体的に指導する)
- 今後、自分が口にするものにエビが入っていないかしっかりと確認させるとともに、食べてよいか判断に迷った場合は、相談するように指導する
- 食後、体に異変をきたしたらすぐに周囲の人(友人および教職員等)に申し出る

保健管理から保健指導へ―管理・指導・体制・連携の充実にむけて―

次回受診日の翌日(できれば保護者同伴で健康相談)
健康相談出席者:本人、保護者、学級担任、養護教諭、栄養教諭等
- 受診結果の確認
- 医師からの指示事項の確認
- 修学旅行における注意事項の反省
- 修学旅行中の食事の対応についての反省
- その他、不安に感じていること

教職員への周知と事実報告、校内研修
- 事実報告(アレルギー発症の状況や生徒の行動への配慮について認識を深める)
- 本人の状況と禁忌事項(医師からの指示等)についての報告
- 学校の対応、体制の周知(場合によっては、文書等で明確化)
- 校内研修の計画立案、実施

集団への対応(保健指導や学校保健委員会等)

食物アレルギー（エビ）

- 養護教諭：集団宿泊行事の事前指導には、食物アレルギーについて保健だよりを用いて指導する（お菓子や旅行先での飲食について：ヒヤリ・ハット事例を紹介）
- 学級活動において、修学旅行中の食事について班ごとに内容の確認をさせる
- 学校保健委員会において、ヒヤリ・ハット事例を共有し、学校医等からも指導助言を仰ぎ、その内容を保健だよりに記載して知識の定着を図る

事例編

> これだけは！
> 押さえておきたいワンポイント

　特定の食材に対してアレルギーがあり、そのままでは摂食できない子ども達が増えていること、そして、その子たちの「みんなと、同じ給食が食べたい」という願いを叶えてあげることを目的として、多くの学校で、給食時、食物アレルギーに対応した除去食（アレルギーを引き起こす食材等を取り除いて調理した食事または、牛乳、果物などを取り除く）、代替食（代替となる食材を用いて同じ料理の形態となるよう調理した食事、魚の種類を変更したりする）を提供するなどの取り組みをしています。
　アトピーの治療等で食事療法が必要な場合も同じように対応します。
　そういった対応が行われていることを理解してはいても、校外学習などで普段と違う状況だと、子ども達は気持ちがはやったり、雰囲気で気が緩み、約束を忘れてしまうこともあります。そうした心理も考えあわせて指導や環境調整が必要と言えます。

事 例 編

アレルギーの種類【金属アレルギー（刺青）】 事例番号　34

虫刺されかと思っていたら……腫れの原因は……？

対象児童生徒の学年・性別	中学3年　女子

H iyari・Hatto　事例の概要

【いつ】	5時間目後の休み時間
【どこで】	家を出た時から

【何が・どのように・どうなった】
　保健室に頻回来室する傾向のある中3女子生徒で、以前から、服装の乱れや遅刻が目立ち、生徒指導部会でも気になる生徒として名前があがっていました。その日も、遅刻して登校し、教室に行かずに保健室に来て、「家を出た時から、左腕が腫れている」と訴えてきました。見ると、肩から指先までパンパンに腫れていて熱感がありました。養護教諭は、虫刺されかと思いましたが、虫刺され跡はありませんでした。ひとまず冷やして様子を見ていました。
　しばらくして、様子を見に来た学級担任が、生徒の肩に刺青を発見しました。墨汁に含まれる物質にアレルギーを起こしている可能性があると学級担任が言ったので、病院を受診しました。

【ヒヤッとしたこと・ハッとしたこと】
・その結果、金属アレルギー反応が出ました。学級担任が墨汁の中の物質に気が付いてくれなかったら、と思うと、ヒヤッとしました。

【アレルギー既往の有無】	なし
【医療機関受診歴の有無】	なし

Cause どうして起きたのか？（背景要因）

①観察不十分
「また来たの？」「家での怪我は家で処置を」という意識が先にはたらき、症状や訴えに対して、アセスメントが不十分でした。

②知識、経験不足
金属アレルギーの対応経験がなく、想定外でした。特に刺青に含まれる物質とアレルギーとの関係、症状等に対する知識が不足していました。

③生徒指導上の観点は想定外だった
生徒指導上の問題のある生徒であったことを考えると、近年の流行等の情報からピアスをつけたり刺青をいれたりする行動も想定して、問診していれば早く原因を特定できたかもしれません。また、頻回来室する生徒なのだから、疎ましく思うより信頼関係を築く努力をしていれば、刺青を入れることを止めることができたかもしれません。

Learning 事例からの学びや教訓

①先入観を持たないこと
まず、どのような生徒であっても先入観を持たない。冷静に訴えを聞きます。

②アセスメントをしっかりすること
原因が不明であるからこそ、体の各部位についてくまなく注意深くアセスメントをします。教育活動で扱う金属だけでなく、生徒の生活および行動の延長線にも様々な「金属」が存在することを念頭におきます。発達段階や行動面を考えあわせ、原因を探ることも重要な手掛かりとなります。

③日々アレルギーに関する情報・知識を得ておくこと
食物や動物のアレルギーなど、学校生活に特に関係するアレルギーの原因および症状の知識はもとより、アレルギーの原因となる物質、症状などについて広く知識を得るようにします。日々、事例や医学分野からの報告等を積極的に得る努力をします。

④他の教職員（学校医・学校薬剤師を含む）との情報共有
種々の立場から教職員が情報を共有していることで、ひとりの生徒を多面的に観察することができます。そのことによって、見落としをなくし、体の健康面についても迅速な対応につなげることができます。特に生徒指導上の問題にも関係する場合は、全職員の情報共有と情報を相互に有効に活用することです。

事例編

【ヒヤリ・ハットを未然に防ぐための具体的な方策例】

保健管理から保健指導へ―個別対応―

病院受診をした翌日の確認
〈健康相談での確認〉
- ・受診した際、どのような検査、医療的処置（服薬等）がなされたか
- ・医師からどのような指示があったか
- ・次回、受診日はいつか、検査結果はいつ出るのか
- ・昨日の受診後の体の状況はどうであったか
- ・保護者はこのことについて、どのように話していたか
- ・これまでにも、同じような経験をしたことがあるか、その場合は、どんな状況であったか
- ・このことで困っていることはあるか

〈保健指導〉
- ・本人および保護者が認識していなかったアレルギーがあり、その原因物質が特定されたこと
- ・金属アレルギーとは何か（参考資料も提示）
- ・金属アレルギーを予防する方法
- ・自分の体を大切にする観点からの行動選択（本件は、特に生徒指導上の問題が背景にあるため、生徒理解を深めつつ自己肯定感を高め、よりよい意思決定・行動決定ができるように継続して観察・相談・指導を継続する）

保健管理から保健指導へ―管理・指導・体制・連携の充実にむけて―

次回受診日（または受診結果が出た日）の翌日（可能な限り、保護者同伴で健康相談）
健康相談（出席者：本人、保護者、学級担任、養護教諭、生徒指導主任等）
- ・受診結果の確認
- ・医師からの指示事項の確認
- ・学校生活における注意事項の確認
- ・原因物質（本件の場合は刺青）を使用した経緯（心理面・状況・事実関係）
 特に、体を大切にすることの意味（生徒理解：体を大切にできない心理的・物理的な状態の把握）
 ＊刺青は「体を傷つける」側面をもつこと
- ・今後の支援の具体案（どのような時に、誰が、どんなことができるか）
- ・その他、不安に感じていること、わからないこと、困っていること

教職員への周知と事実報告、校内研修

金属アレルギー（刺青）

- ・事実の報告
- ・本人の状況と禁忌事項（医師からの指示等）についての報告
- ・学校の対応、体制の周知（場合によっては、文書等で明確化）
- ・校内研修の計画立案、実施
- ・金属アレルギーがもたらす健康被害だけでなく、体を大切にしていない事実を重要視した観点の指導の在り方

集団への対応（保健指導や学校保健委員会等）
- ・金属アレルギーについて保健だよりを作成
- ・保健だよりを活用して、学級担任による帰りの会等での保健指導
- ・生徒に対して心理的側面・行動等の実態調査
- ・化学物質による健康被害、自他の心身を大切にすることなどについて、全教育活動を通して指導する
- ・化学物質による健康被害、自他の心身を大切にすることなどについて、学校保健委員会で取り上げ、生徒・保護者・教職員・専門家等各者で協議する
  - ＊特に、本事例では刺青を入れるという「体を傷つける行動」があります。金属アレルギーの問題を通して、生徒の生徒指導上の問題に取り組み、生徒がよりよい学校生活を送り、よりよく自己実現に向かうことができるよう支援していくことが重要です。

これだけは！押さえておきたいワンポイント

　刺青・タトゥーがあることで様々なリスクが考えられます。まず、刺青・タトゥーを入れるときの器具が使いまわしされている場合は、前に施術した人の血液（ウィルスに感染した血液）が体内に入ってしまうと、血液を媒体とした病気（B型肝炎、C型肝炎、HIV（エイズ））の感染の可能性があります。また、刺青・タトゥーが入っていると、MRI検査が受けられない場合があります。これは、染料に使われている金属成分がMRIの磁気と反応し、痛みや火傷が生じたり、発熱したり、MRIの画像にノイズが入ったりする可能性があるためです。MRI検査が受けられないと、様々な病気の早期発見が難しくなってしまいます。さらに、モラル的なリスクと、疫学的に疾病リスクが高いことが理由です。

　このように、養護教諭として健康被害の知識を提供すると同時に、刺青を入れることの否定だけにとどめず、刺青を入れるまでに至ったその生徒の心理的側面にも注意して指導を行います。自分を大切に思う心や自己肯定感を高める指導を行っていくことが重要です。

事例編

アレルギーの種類【ネコアレルギー】　　　　　　　　　事例番号　35

> ネコを助けたかっただけなのに……

対象児童生徒の学年・性別	中学3年　男子

H iyari・Hatto　事例の概要

【いつ】	部活動朝練中
【どこで】	校庭

【何が・どのように・どうなった】

　10月、陸上部の朝練中に、中3男子生徒がサッカーゴールにからまっていたネコを発見しました。助けようとしてネコに触った後、「左前腕にじんましんが出た」と、本人が保健室に来室しました。バイタルサインや顔色、呼吸などを確認しましたが異常はありませんでした。左前腕だけのじんましんだったことと、保健調査や問診ではアレルギーの既往歴なしとのことだったので、冷やして教室に戻しました。

　1時間後、先ほど保健室に来室した男子生徒の呼吸が苦しそうだと、別の生徒から呼ばれ、養護教諭が急いで教室に行きました。学級担任と協力して当該生徒を保健室に運び、座位で様子を見ました。しばらくすると、呼吸が落ち着いてきたので、保護者に連絡しました。保護者は救急車も病院受診も必要ないと拒否したのですが、必要性を訴えてお願いして病院受診へつなげました。

【ヒヤッとしたこと・ハッとしたこと】

・経過観察で教室に戻している間に症状がひどくなったことに、ヒヤッとしました。受診の結果、ネコと接触することによってアレルギー反応が引き起こされとのことでした。

【アレルギー既往の有無】	なし
【医療機関受診歴の有無】	なし

Cause　どうして起きたのか？（背景要因）

①既往症が無いことから大丈夫と判断したこと
　初発だったこともあり、思い込みや、油断していた部分がありました。アセスメント、経過観察不足でした。もっと注意深く観察する必要がありました。

②校地内に動物がいたこと
　ネコに限らず、動物は雑菌や病原体を持っている可能性があるため、学校内に入り込むことを防ぐ必要がありました。

③校内でネコなどの動物を発見したときの対処
　校内にネコがいたことは一つの背景にあげられると思いました。本件発生以前から、ネコアレルギーの生徒がいることから、教職員は校地内への動物の侵入には注意していました。生徒に対しても動物がいたら近づかずに報告する等の指導をすべきでした。

Learning　事例からの学びや教訓

①広い視野からの原因究明
　アセスメントの能力の向上の必要性。特に、症状と状況から、アレルギー反応をも含めた見立てを行う視点と対応。狭い範囲の発疹であっても経過観察を行う必要があること。呼吸に異常がある場合の救急車要請の必要性を学びました。

②保健調査票や既往歴に惑わされない
　初発のアレルギーが学校で発見されることも少なくないこと。保健調査票に、アレルギーの既往歴なしと書かれていても、初発のアレルギー反応は突然起こることを認識しておくことです。

③学校内において動物を発見した時の対応および指導
　校地内で動物を見かけたときの対応についての指導の必要性を学びました。

事 例 編

【ヒヤリ・ハットを未然に防ぐための具体的な方策例】

保健管理から保健指導へ―個別対応―

病院受診をした翌日
　〈健康相談での確認〉
　　・受診した際、どのような検査、医療的処置（服薬等）がなされたか
　　・医師からどのような指示があったか
　　・次回、受診日はいつか、検査結果はいつ出るのか
　　・昨日の受診後の体の状況はどうであったか
　　・保護者はこのことについて、どのように話していたか
　　・これまでにも、同じような経験をしたことがあるか、その場合は、どんな状況であったか
　　・このことで困っていることはあるか
　〈保健指導〉
　　・自分にネコアレルギーがあることの自覚を持つこと
　　・ネコアレルギーの機序および生活上の注意
　　・校内に動物がいたら近づかずに、教職員に報告すること
　　・「学校生活管理指導表（アレルギー疾患用）」を渡し、次回、医療機関受診の際に記入・提出の依頼

保健管理から保健指導へ―管理・指導・体制・連携の充実にむけて―

次回受診日（または受診結果が出た日）の翌日（できれば保護者同伴で健康相談）
健康相談（出席者：本人、保護者、学級担任、養護教諭等）
　　・受診結果の確認
　　・医師からの指示事項の確認
　　・学校生活における注意事項の確認
　　・動物への対応についての確認
　　・その他、不安に感じていること、わからないことなど
教職員への周知と事実報告、校内研修
　　・事実の報告
　　・本人の状況と禁忌事項（医師からの指示等）についての報告
　　・学校の対応、体制の周知（場合によっては、文書等で明確化）
　　　＊アレルギーへの対応だけでなく、学校内に侵入した動物への対処や学級や委員会などで飼育している小動物についても関連させて意識を喚起する
　　・校内研修の計画立案、実施
　　　＊学齢期において初発のアレルギー反応を起こすことがあること

180

ネコアレルギー

事例編

から、普段の健康観察および、教職員全体が共有している情報（保健調査票のまとめなど）にないことも起こりうることを周知する

集団への対応（保健指導や学校保健委員会等）
・保健だよりの記事として、動物アレルギー（ネコをはじめとする生活の中で身近な動物のアレルギー）を取り上げる
・保健だよりを活用して、学級担任による帰りの会等での保健指導
・生徒に対して、家庭での動物の飼育状況や、発疹等の症状の経験の有無について実態調査
・生徒の実態を踏まえた集団保健指導、学校保健委員会による協議
　＊様々なアレルゲンがあること
　＊全体への指導は、動物を見かけたときの対応のことを主として、健康被害を及ぼす可能性を取り上げる

> これだけは！
> 押さえておきたいワンポイント

　動物アレルギーにはネコに触ったり、ネコの近くにいることで人体にアレルギー発症が起こるネコアレルギーというものがあります。ネコアレルギーの症状としては、顔が腫れる、目が赤くなる、目がかゆくなる、くしゃみが出る、鼻水が出る、喘息のような咳が出るなど、人によって様々です。
　ネコアレルギーのアレルゲンはネコが出すフケや体毛などのタンパク成分、だ液、尿などで、それらアレルゲンが人間の体内に入ることで、アレルギー反応を起こします。ネコアレルギーへの対策として一番効果的なのはネコを遠ざけることです。校内に動物がいたら近づかずに、教職員に報告します。
　また、ネコアレルギーの人自身の体調もネコアレルギー発症には関係があります。体調が悪い時には免疫力が低下し、ネコアレルギーがより発症しやすくなりますので、普段から生活を安定させ、健康状態を保つようにします。
　アレルゲンの温床としては敷物・布団・マットレス・枕・カーテン・シーツなどは、定期的に洗ったり、交換したほうがよく、布製のぬいぐるみも要注意です。各家庭の室内環境だけでなく、保健室内にもこうした物品があり、不特定多数の児童生徒等が利用するので、交換や消毒などについて注意が必要です。

事　例　編

アレルギーの種類【薬品アレルギー（湿布）】　　　　　　事例番号　36

湿布の跡がくっきり！

対象児童生徒の学年・性別	中学3年　男子

H iyari・Hatto　事例の概要

【いつ】	4時間目体育の授業中
【どこで】	体育館

【何が・どのように・どうなった】
　4時間目の体育の時間、バスケットボールのシュート練習をしていたところ、体勢を崩して右膝を強打し、保健室に来室しました。腫れが認められたため、10分ほど氷で冷やし、痛みがある程度おさまったので、念のため湿布を貼り、授業は見学するように伝えました。昼休み、湿布を貼った箇所がとてもかゆいと再び保健室に来室しました。湿布をはがしたところ、四角い跡がくっきりついていました。本人に確認したところ、湿布を貼って見学していたが、どうしてもやりたくなって授業に参加したとのことでした。すぐに学級担任に連絡し、事情を説明して保護者に連絡し病院で受診するよう連絡をしました。幸い症状が軽かったので、後に残ることもないだろうとの診断でした。

【ヒヤッとしたこと・ハッとしたこと】
・湿布のあとがくっきりついていたのでヒヤッとしました。

【アレルギー既往の有無】	なし
【医療機関受診歴の有無】	なし

薬品アレルギー（湿布）

ⓒ ause　どうして起きたのか？（背景要因）

①汗の蓄積で皮膚炎が悪化した
　皮膚の弱い生徒や本人の体質や体調によって症状が現れることがあることは知っていましたが、まさか身近で起きると思っていませんでした。

②運動で体温が上昇したためかゆみが出現
　かゆみは体が温まった時にひどくなるので、「見学をする」と指示するのみでなく、体育科教諭に状況を伝える必要がありました。

Ⓛ earning　事例からの学びや教訓

①皮膚炎にも種類があること
　皮膚炎には今回のような刺激性以外にも、アレルギー性や、光（紫外線）アレルギー性があることを学びました。それぞれの原因の特定はパッチテストが有効とされていますが、副作用も懸念しなくてはならないので、本人や保護者に十分な説明が必要だと思いました。

②健康相談から個別の保健指導につなぐこと
　本人のアレルギーに対する認識を確かなものにするため、本人、保護者、学級担任、栄養教諭（学校栄養職員）等と健康相談を行い、共通認識を持つことが必要だと学びました。

③個別の保健指導から集団指導につなぐこと
　皮膚炎の原因として、身近なもの（化粧品、香水、シャンプー、指輪、ピアス、イヤリング、時計、ネックレス、洋服、洗剤、医薬品、植物、動物自体やそれらに含まれている物質）が引き起こすことを保健指導につなげ、学校全体の実態を把握し、集団指導につなげることが必要だと思いました。

事例編

事例編

【ヒヤリ・ハットを未然に防ぐための具体的な方策例】

保健管理から保健指導へ―個別対応―

病院受診をした翌日
〈健康相談での確認〉
- ・受診した際、どのような検査、医療的処置(服薬等)がなされたか
- ・医師からどのような指示があったか
- ・次回、受診日はいつか、検査結果はいつ出るのか
- ・昨日の受診後の体の状況はどうであったか
- ・保護者はこのことについて、どのように話していたか
- ・これまでにも、同じような経験をしたことがあるか、その場合は、どんな状況であったか
- ・このことで困っていることはあるか

〈保健指導〉
- ・湿布を貼ることによる皮膚炎やアレルギー反応について
- ・湿布以外でも起こる可能性があること
- ・ストレスをためないような生活を心がけること

保健管理から保健指導へ―管理・指導・体制・連携の充実にむけて―

次回受診日（または受診結果が出た日）の翌日（できれば保護者同伴で健康相談）
健康相談出席者：本人、保護者、学級担任、養護教諭、栄養教諭等
- ・受診結果の確認
- ・医師からの指示事項の確認
- ・学校生活における注意事項の確認
- ・原因物質の特定
- ・その他、不安に感じていること

教職員への周知と事実報告、校内研修
- ・本人の状況と医師からの指示等についての報告
- ・学校の対応、体制の周知（場合によっては、文書等で明確化）
- ・校内研修の計画立案、実施

集団への対応（保健指導や学校保健委員会等）
- ・湿布を貼ることによる皮膚炎やアレルギーがあることに関する内容の保健だよりの発行
- ・保健だよりを活用して、学級担任による帰りの会等での保健指導
- ・ストレスと症状悪化の関係性
- ・生徒の実態を踏まえた集団保健指導、学校保健委員会による協議

薬品アレルギー（湿布）

> これだけは！
> 押さえておきたいワンポイント

　皮膚炎とストレスには深い関係があると言われています。皮膚炎の原因である植物、動物、食べ物、金属などが皮膚に触れた際、それらが刺激となって肌内部に伝わることで引き起こされていて、肌に備わっているバリア機能が正常であればそれらから肌を守るので引き起こされにくくなります。
　バリア機能はストレスによっても低下するために、ストレスによってバリア機能が低下して皮膚炎が引き起こされたと考えられます。ストレスをためないために運動は効果的ですが、皮膚炎は汗によってかゆみがひどくなることがあるので、こまめに汗を拭き取るなどを心がける必要があります。

事例編

事 例 編

アレルギーの種類【動物アレルギー（鹿）】　　　事例番号　37

> 鹿、も？！
> ―動物アレルギーはあったけれど……―

対象児童生徒の学年・性別	中学3年　女子

ⓗ iyari・Hatto　事例の概要

【いつ】	修学旅行（6月）
【どこで】	県立都市公園

【何が・どのように・どうなった】

　修学旅行で公園に行きました。公園には国の天然記念物に指定されている野生の鹿がたくさんいます。本人は鹿と一緒に写真を撮ることを楽しみにしていました。

　公園に到着するとさっそく鹿に近寄って、背中をなでたり、鹿に顔を近づけたりして写真撮影を始めました。その後なんとなく、目がかゆくなったがそのまま班の友達と一緒に公園見学を続けるうちに、だんだんと呼吸が苦しくなり、喘息のような症状が出始めました。

　宿泊施設へ向かうバスに乗り込む際、全員に健康観察を行ったときには、本人は、喘息はいつものことだし迷惑をかけてはいけないと黙っていました。しかし学級担任が、本人の様子がおかしいことに気がつき、養護教諭のところまで連れて来たので、養護教諭が本人を病院に連れていくことができました。

【ヒヤッとしたこと・ハッとしたこと】

・鹿アレルギーによる発作がでているのに、それを見逃してバスに乗ってしまっていたら、症状が悪化したかもしれないと思うとヒヤッとしました。

【アレルギー既往の有無】	あり（喘息）
【医療機関受診歴の有無】	あり（ハムスター）

動物アレルギー（鹿）

C ause　どうして起きたのか？（背景要因）

①アレルギー源は、1つとは限らない
　何らかのアレルギーを持っている者は、特定されている物質の他でもアレルギーを引き起こす可能性が高いということを痛感しました。動物アレルギーのある生徒には、公園での鹿の接し方に留意する必要がありました。

②本人の思い込み
　本人は、「喘息はハムスターが原因」と思い込んでいました。そのため、鹿でアレルギー症状が出るとは思っていませんでした。また、普段からたびたび目がかゆくなることがあったため、症状が出始めたときは「いつものことだ。」と軽く捉えていました。

③みんなと一緒にいたいという心情
　楽しみにしている修学旅行。本人は、集団行動から外れずにみんなと一緒にいたいことと、みんなに迷惑をかけるのではないかと心配し、悪化している症状を隠していました。

L earning　事例からの学びや教訓

①アレルギー症状のある生徒の的確な把握
　アレルギー症状を発症したことのある生徒は、他の物質でもアレルギーを発症する危険性が高まります。家庭を離れる校外学習では、食事のほか、部屋や環境も異なることからより注意が必要であり、予防や緊急対応について体制を整えておくことの重要性を学びました。

②アレルギー症状のある生徒への保健指導
　これまでアレルギー症状を発症したことのある生徒には、校外学習先で考えられる危険性について、事前に保健指導が必要です。予防はもちろん、発症してしまったら悪化を防ぐために早めに申し出ることを指導しておくことが必要だと学びました。

③健康観察の適切な実施
　集団行動から外れることを嫌がって、体調不良を我慢してしまう生徒がいることを学びました。自分から申し出ることはもちろん、友達の体調に気を配ることや、教職員の健康観察を適切に実施できるよう体制を整備する重要性を学びました。

事例編

【ヒヤリ・ハットを未然に防ぐための具体的な方策例】

保健管理から保健指導へ―個別対応―

修学旅行から戻り、かかりつけ医を受診した翌日
〈健康相談での確認〉
- 受診した際、どのような検査、医療的処置(服薬等)がなされたか
- 医師からどのような指示があったか
- 次回、受診日はいつか、検査結果はいつ出るのか
- 受診後の体の状況はどうであったか
- 保護者はこのことについて、どのように話していたか
- これまでにも同じような経験をしたことがあるか、その場合はどんな状況であったか
- このことで困っていることはあるか

〈保健指導〉
- アレルギー(喘息を含む)とは何かを確認し、予防法を指導する
- ペット(ハムスター)の飼育場所について一緒に検討し、症状の改善・発症しないための環境を整える
- 念のため、動物には素手で触ったり、近づいたりしないよう指導する
- 体調不良時は、我慢をせずに申し出る、早めの処置が早い快復に繋がることを指導する
- 「学校生活管理指導表(アレルギー疾患用)」を渡し、次回、医療機関受診の際に記入・提出してもらうよう依頼する

保健管理から保健指導へ―管理・指導・体制・連携の充実にむけて―

次回受診日(または受診結果が出た日)の翌日(できれば保護者同伴で健康相談)
健康相談出席者：本人、保護者、学級担任、養護教諭、栄養教諭等
- 受診結果の確認・アレルギー原因の確認
- 医師からの指示事項の確認
- 学校生活における注意事項の確認(理科の実験、調理実習等含む)
- その他、不安に感じていること

教職員への周知と事実報告、校内研修
- 本人の状況と禁忌事項(医師からの指示等)についての報告
- 学校の対応、体制の周知(緊急対応の確認、宿泊行事における危機管理)

動物アレルギー（鹿）

- ・校内研修の計画立案、実施（アレルギー症状発症時の緊急対応）
- ・教職員による健康観察についての研修（健康観察の意義、ポイント、活用法等）
- ・旅行業者との事前打合せ（現地医療機関、救急時搬送方法の確認等）

集団への対応（保健指導や学校保健委員会等）
- ・アレルギーに関する保健だよりの発行（生活環境とアレルギーについて）
- ・保健だよりを活用して、学級担任による帰りの会等での保健指導
- ・生徒保健委員の目から行う健康観察の重要性について保健指導（クラスの保健の責任者として、クラスメイトの健康状態に気を配れるようにする）
- ・宿泊学習時における、事前保健指導（健康観察の重要性、体調不良の際には申し出ること、各自健康管理に努めること、互いに健康状態に気を配ること）

> これだけは！
> 押さえておきたいワンポイント

　ペットを家で飼っている場合、ペットというより家族の一員として、とても大切な存在になっている家庭もあります。しかし、ペットの抜け毛やフケ、フン、唾液などがアレルギーの原因となっていることも多いのです。ペットを抱っこすると目がかゆい、鼻水やくしゃみが出た経験のある人は、動物アレルギーが疑われます。中でもハムスターは強い症状が出やすいと言われており、咬まれると急激な呼吸困難などを起こす場合があるので注意が必要です。

　動物アレルギーを予防するには、動物に触らない、ペットを室内で飼わないことが一番です。しかし一度、家の中で飼い始めたペットを外に出すのは難しいので、寝室にペットを入れないようにしたり、部屋の掃除をこまめに丁寧に行う必要があります。布製のカーペットやソファは動物の毛が付着しやすいので素材を工夫したり、毎日掃除機をかけたりします。また、ペットを清潔に保つことも必要です。それでもアレルギーの症状がひどい場合は、必ず病院を受診する必要があります。症状を改善させるためには、医師の指示に従うことが大切です。その指示内容は、養護教諭にも知らせてもらえるよう依頼します。

189

事例編

アレルギーの種類【喘息】　　　　　　　　　　　　　　　事例番号　38

「喘息の薬は使わせない！　大人になったら治る！」

対象児童生徒の学年・性別	高校1年　女子

H iyari・Hatto　事例の概要

【いつ】	3時間目
【どこで】	教　室

【何が・どのように・どうなった】
　入学時のアレルギー調査で、喘息があり複数の薬を使用していることがわかっていました。個別の健康相談では、喘息のコントロールができていると判断できる状態でした。
　ところが、体育では「喘息があるため準備運動以外はすべて見学」だと体育科教員から聞き、毎日の健康観察では喘息による欠席がたびたびあり疑問に思っていました。
　ある日、体育の準備運動で200mを軽くジョギングしただけで息苦しさを訴えて保健室に来ました。発作止めの吸入薬は自宅にあり、幸い喘鳴が軽度だったため、起座位で腹式呼吸をさせ、温かいお茶を飲ませて15分ほどで軽快しました。発作止め薬は必ず持ち歩くよう保健指導をして教室へ戻しました。
　その1週間後「咳が止まらない」と保健室に来室した時には、喘鳴が強く、肩で息をして、会話もしにくい状態でした。その時初めて、喘息の薬をほとんど使っていないことがわかりました。発作止め薬は持参していなかったため、医療機関を受診する必要性があると判断し、父親に受診と喘息治療の必要性を伝えました。しかし、父親は「自分も喘息だった。薬は効かなかったし、大人になれば治る。ステロイドは使いたくない。」と喘息治療に消極的であることがわかりました。

【ヒヤッとしたこと・ハッとしたこと】
・父親の影響で服用する必要のある喘息の薬をほとんど使用していなかったことにヒヤッとしました。

【アレルギー既往の有無】	あり （アトピー性皮膚炎・喘息）
【医療機関受診歴の有無】	あり

Ⓒause どうして起きたのか？（背景要因）

①両親の治療方針を確認していなかった
　幼い頃からの喘息の治療経過があり、本人の喘息の症状、薬の処方や使い方について母親には話を聞いていたのですが、父親の理解と治療方針を確認していませんでした。

②疾病利得があり、本人が積極的に治療をしようと思わなかった
　肥満傾向で、喘息があるため運動をしない、しなくてよいという気持ちが強かったため、喘息を治したいと思わなかったようです。

③喘息をコントロールできていると思い込んでいた
　アレルギー調査に喘息治療薬の記載があり、最終発作は１年前と書かれてあったことから管理ができていると思い込んでいました。

Ⓛearning 事例からの学びや教訓

①入学直後の健康相談の必要性
　入学時の保健調査票とアレルギー調査を元に、本人との健康相談で疑問に感じたことは保護者に確認を取ることが欠かせません。その際、両親の治療方針を確認しておくことも大切だと思いました。

②喘息のコントロールテストの活用
　「喘息は適切な治療をしないと死につながることもある。」危険性と、「喘息をコントロールすることで学校生活がより楽になる。」ことを理解させる必要があります。喘息予防・管理ガイドラインで、喘息のコントロールの程度のテストがあります。自分の状態を知らせることが喘息をコントロールする第一段階だと思いました。

③保護者との治療ガイドラインの共有理解
　喘息の治療ガイドラインが変わるので、親世代とは薬への認識や治療方法も異なることを、養護教諭自身が理解をすること、保護者には現在の治療ガイドラインの原則を伝えた上で、本人にとって何が一番よいかを一緒に考えることが大切だと学びました。

④健康相談から個別の保健指導へ
　適切な喘息治療が自分の生活の質を向上につながることを理解させるために、本人、保護者、学級担任、体育科教員、養護教諭等と健康相談を行い、共通認識を持つことが必要だと学びました。

事例編

【ヒヤリ・ハットを未然に防ぐための具体的な方策例】

保健管理から保健指導へ―個別対応―

保護者と本人に喘息の状況を伝えるための健康相談
〈健康相談での確認〉
- 中学までの喘息の程度はどうであったか、治療はどのようにしていたか
- 医師は、治療についてどのように説明していたか
- 保護者と本人は現在の喘息発作の程度と経過をどのように認識しているか
- 喘息で困っていることやつらいことなどはないか

〈保健指導〉
- 現在の体の状態を本人に客観的に理解させる（学校での体育では準備運動で喘鳴がでたり、普通の授業中でも苦しくなっている状態であること）
- 喘息コントロールチェックテストでは、「コントロール不十分のため主治医に相談をするように」とあるため、病院受診をして相談をする必要があること
- 現在の喘息治療ガイドラインの内容
- 喘息をコントロールできないことのデメリット
- 喘息治療の目標と治療のメリット
- 喘息治療に関しての本人と保護者の疑問や不安
- 学校生活管理指導表の提出を依頼する

保健管理から保健指導へ―管理・指導・体制・連携の充実にむけて―

次回受診日以降（喘息治療の方針が決定以降）
健康相談出席者：本人、保護者、学級担任、体育教員、養護教諭等
- 学校生活管理指導表の提出確認
- 受診結果の確認
- 医師からの指示事項の確認
- 学校生活における注意事項の確認
- 学校の対応・体制の確認
- 今後の喘息の状況の変化等について情報交換の確認
- 学校側からの本人への指導内容の確認と共通理解
- その他、疑問や不安に感じていること

教職員への周知と事実報告、校内研修

喘息

事例編

　　・喘息の発作の程度と治療や運動制限等の報告
　　・学校の対応、体制の周知
　　・体育科教員から他の生徒への説明と本人への配慮依頼（偏見のないように）
　個人・集団への対応（保健指導等）
　　・本人へ病状や薬の変化がある場合はその都度報告に来るよう指導
　　・本人へ薬を持参し、薬の保管場所を教員へ報告するよう保健指導
　　・体調不良時や発作止め薬を使用した際には教員へ申し出るよう保健指導
　　・保健だよりを活用して、学級担任によるSHRでの保健指導
　　・喘息管理中の生徒の管理状況の確認のための健康相談と保健指導

（参　考）

①リウマチ・アレルギー情報センター

http://www.allergy.go.jp/allergy/guideline/02/contents_03.html#1

②監修　文部科学省スポーツ・青少年局学校健康教育課：学校のアレルギー疾患に対する取り組みガイドライン、財団法人日本学校保健会、平成20年3月

> **これだけは！押さえておきたいワンポイント**

　喘息は自分でコントロールできる病気です。喘息発作が続くと、勉強や運動、それ以外の活動に影響がでて、生活の質（QOL）が低下します。大人になって自然に治る場合もありますが、小児ぜんそくを大人になるまで持ち越すこともあります。健康に日常生活を送ることができるよう自己管理をすることが大切です。

　現在の喘息治療ガイドラインでは、治療の目標は、①症状のコントロール、②呼吸機能の正常化、③QOLの改善の3つだとされています。治療法は2つで「気道の炎症を抑えて発作が起きないようにする」「発作が起きた時に重症化しないように対処・治療する」ことです。

　そのためには、自分の喘息の状態がどの程度悪いのかを知ることが極めて重要です。

　喘息のコントロールチェックテストで、「コントロール不十分」であり、主治医に相談をするような結果が出た場合は、このチェックテストを主治医に見せて、日頃からの状態を正確に伝え、適切な治療をすることが大切です。

事例編

アレルギーの種類【食物アレルギー（エビ）】　　事例番号　39

> 急変を考慮し、救急搬送してよかった

対象児童生徒の学年・性別	高校2年　男子

Ｈiyari・Hatto　事例の概要

【いつ】	5時間目の休み時間
【どこで】	体育館

【何が・どのように・どうなった】
　お弁当に入っていたエビを食べた後に、体育で運動をしたら顔面に発疹がでて、かゆみを訴えて保健室に来室しました。食物依存性運動誘発アナフィラキシーの疑いを考えましたが、意識等はしっかりしていたので、学校医に電話で救急搬送の必要性があるかを相談しました。その結果、呼吸困難等の急変が考えられるため、タクシーでの搬送ではなく、救急車の要請を勧められました。直ぐに、救急車を要請し医療機関へ搬送しました。救急車内で呼吸困難の症状が現れたことを聞き、ヒヤリとしました。

【ヒヤッとしたこと・ハッとしたこと】
・救急車でなく、タクシーで搬送していたらと思うとヒヤッとしました。

【アレルギー既往の有無】	なし
【医療機関受診歴の有無】	なし

食物アレルギー（エビ）

Ⓒause どうして起きたのか？（背景要因）

①本人自身が知らなかった
　生徒本人がエビのアレルギーがあることを知りませんでした。これまでにもエビを食べて少し喉がかゆくなることはあっても、ここまでの症状が出たのは初めてのことでした。

②お弁当を食べた後に運動をした
　これまでにも、エビはお弁当に入っており食べていました。しかし、摂食後に運動をしていなかったため症状が出ていなかっただけかもしれません。

Ⓛearning 事例からの学びや教訓

①急変を考え緊急対応の必要性
　食物依存性運動誘発アナフィラキシーの場合は呼吸困難等の急変が考えられるので、生徒の状態がクリアでも救急車を要請し、緊急対応に備えることを学びました。

②健康相談から個別の保健指導へつなぐこと
　アレルギーに対する認識を確かなものにするため、生徒、保護者、学級担任、部活動顧問等と健康相談を行い、共通認識を持ち事故防止につなげる必要があると思いました。

③個別から集団指導へつなぐこと
　食物アレルギーに対する集団(クラス等)への保健指導につなげます。また、食物アレルギーの生徒の実態を把握し、集団指導につなげる必要があると思いました。

④エピペン®処方の必要性
　主治医と生徒、保護者にエピペン®処方の是非を確認する必要があると思いました。

事例編

【ヒヤリ・ハットを未然に防ぐための具体的な方策例】

保健管理から保健指導へ―個別対応―

病院受診をした翌日
〈健康相談での確認〉
- 受診した際、どのような検査、医療的処置（服薬等）がなされたか
- 医師からどのような指示があったか
- 次回、受診日はいつか、検査結果はいつ出るのか
- 昨日の受診後の体の状況はどうであったか
- 保護者はこのことについて、どのように話していたか
- これまでにも、同じような経験をしたことがあるか、その場合は、どんな状況であったか
- このことで困っていることや不安に思うことはあるか

〈保健指導〉
- 「食物アレルギー管理指導表」を渡し、次回、医療機関受診の際に記入・提出してもらうよう指導する
- 食物依存性運動誘発アナフィラキシーとはどのような症状を呈するか指導する
- 食べてよいか判断に迷った場合は、養護教諭に相談する

保健管理から保健指導へ―管理・指導・体制・連携の充実にむけて―

次回受診日（または受診結果が出た日）の翌日（できれば保護者同伴で健康相談）
健康相談出席者：本人、保護者、学級担任、部顧問、養護教諭等
- 受診結果の確認
- 医師からの指示事項の確認
- 学校生活における注意事項の確認
- 食事の対応についての確認
- その他、不安に感じていること

教職員への周知と事実報告、校内研修
- 本人の状況と禁忌事項（医師からの指示等）についての報告
- 学校の対応、体制の周知（場合によっては、文書等で明確化）
- 校内研修の計画立案、実施

集団への対応（保健指導や学校保健委員会等）
- 食物依存性運動誘発アナフィラキシーの症状や対応について保健

食物アレルギー（エビ）

　　　だより発行
　・保健だよりを活用して、学級担任または部単位での保健指導実施
　・宿泊行事に伴う事前の保健調査から生徒の実態を踏まえた集団保健指導
　・学校保健委員会における協議

> これだけは！
> 押さえておきたいワンポイント

　多くの場合、原因となる食物を摂取して２時間以内に一定量の運動（昼休みの遊び、体育や部活動など患者によってさまざま）をすることによりアナフィラキシー症状を起こします。原因物質としては小麦、甲殻類が多く、発症した場合には、じんましんからはじまり、高頻度で呼吸困難やショック症状のような重篤な症状に至るので注意が必要です。
　原因物質の摂取と運動の組み合わせで発症するため、食べただけ、運動しただけでは症状は起きません。原因物質を食べてから２時間以内の運動は避ける必要があります。

事例編

アレルギーの種類【食物依存性運動誘発アナフィラキシー】　事例番号　40

> 5時間目の体育で出たじんましんは要注意！
> 保護者との認識のずれに注意！

| 対象児童生徒の学年・性別 | 高校2年　女子 |

Hiyari・Hatto 事例の概要

【いつ】	5時間目の体育
【どこで】	校庭

【何が・どのように・どうなった】

　5時間目の体育の授業中マラソンの練習で4km走っていたところ、徐々に顔がかゆくなり始め、腫れぼったい感覚を覚えて保健室に来ました。症状は、顔に数個のじんましんと口の中の違和感のみでした。顔を洗わせた後、保冷剤で冷やしながら問診の結果、昼食のお弁当はエビフライであったことや、1年前にお弁当のエビピラフを食べた後、体育で走って顔が少しかゆくなったことがあったが、その時は保健室には来なかったことがわかりました。また母親も気にとめていなかったことがわかりました。

　この日は血圧110/84mmHg、脈拍120回/分、目のかゆみやくしゃみが出始めました。気持ち悪さや咳等ありませんでしたが、注意をして経過を見ながら問診を続けました。顔のじんましんが広がり、まぶたの腫れや体にもじんましんが出始めました。「食物依存性運動誘発アナフィラキシー」を疑い、医療機関を受診する必要性ありと判断し、母親へ電話連絡をして状況を伝えました。母親は緊急性を感じず、「家に帰ってから、様子を見てひどかったら病院へ連れて行きます。」と言いましたが、「アナフィラキシー」に移行する危険性と、現在症状が出ているこの時に受診をする必要性を伝え、やっと了解を得ることができました。

　アナフィラキシー対応ができる近くの病院に養護教諭が連れて行き、母親と病院で合流しました。

　診断は「食物依存性運動誘発アナフィラキシー」で、抗ヒスタミン剤を処方され、エビを1年間食べないよう指示されました。

【ヒヤッとしたこと・ハッとしたこと】
・母親が軽視しており、このまま帰宅させていたら大変なことになると思いヒヤリとしました。

【アレルギー既往の有無】	あり（アトピー性皮膚炎）
【医療機関受診歴の有無】	なし

Cause　どうして起きたのか？（背景要因）

①本人と保護者の知識不足
　「食物依存性運動誘発アナフィラキシー」の存在と症状の重さ、今回の症状と過去に1回出ていた症状を結びつけて考えていませんでした。

②保護者への緊急性の説明の仕方
　病状の説明と、考えられる疾患、急激な変化の可能性と緊急性を、説明するのに時間がかかりました。

Learning　事例からの学びや教訓

①食物アレルギー対応マニュアルに従い、慎重に対応する
　全身症状・呼吸器症状・消化器症状・目や鼻等の症状・皮膚の症状の程度から緊急性を判断するマニュアルに従い、適切な対応ができることが重要です。

②思春期に初発する緊急性の高いアナフィラキシーであることの知識が必要
　5・6時間目の体育時に発見することが多いため、体育科教員は「食物依存性運動誘発アナフィラキシー」についての知識を得て、症状が出た生徒にいち早く気づき保健室へ連れて行くことについて理解しておくことが重要です。教員は、該当生徒の情報共有をした上で、思春期に好発する緊急性の高いアナフィラキシーであることを認識することが大事です。

③アレルギーのある生徒の知識習得へ
　喘息やアレルギー性鼻炎・アレルギー性結膜炎・食物アレルギーの生徒が多いため、思春期に初めて起こる症状であることや緊急性が高いことについて、保健だよりやクラス等で保健指導につなげることが大切です。

④健康相談から個別の保健指導へ
　「学校生活管理指導表」が提出されたうえで、保護者、学級担任、養護教諭等と健康相談を行い、共通認識をもつ必要があります。

【ヒヤリ・ハットを未然に防ぐための具体的な方策例】

保健管理から保健指導へ―個別対応―

受診結果がわかったら速やかに
〈健康相談での確認〉
- 病院名・市町村名・医師名
- 受診時、どのような検査、医療的処置（服薬等）がなされたか
- 医師からどのような指示があったか
- 保護者はこのことについて、どのように認識しているか（話しているか）
- 食物依存性運動誘発アナフィラキシーで不安等はないか

〈保健指導〉
- 食物依存性運動誘発アナフィラキシーとは何か指導すること
- 医師の指示どおり、1年間はエビやカニを食べないように指導すること
- 条件付きでエビやカニを食べられるようになるので、医師の指示が出るまでは自分の判断で食べないようにすること
- レストラン・ファストフードでの食事やコンビニ等で購入するお弁当等で、エビやカニが入っていないか注意すること
- 処方された薬は、毎日持ち歩くようにすること
- 「学校生活管理指導表」を渡し、次回、医療機関受診の際に記入・提出を依頼する

保健管理から保健指導へ―管理・指導・体制・連携の充実にむけて―

医師からの診断が出て「学校管理指導表」をもとに保護者同伴で健康相談
健康相談出席者：本人、保護者、学級担任、養護教諭、部活動顧問等
- 受診結果の確認
- 医師からの指示事項の確認
- 学校生活における注意事項の確認
- 学校への要望等

教職員への周知と事実報告、校内研修
- 本人の状態について、医師の診断・指示について情報共有をする
- 学校の対応、体制を資料にして周知する
- 食物アレルギーについての研修会の計画・立案

集団への対応（保健指導や学校保健委員会等）
- 食物アレルギーについての保健だより

食物依存性運動誘発アナフィラキシー

・保健だよりを活用して、学級担任による帰りの会等での保健指導
・エビやカニ、小麦摂取後の運動で、じんましんが出たことのある生徒の実態調査
・生徒の実態を踏まえた集団保健指導、個別保健指導

（参　考）
①食物アレルギー診療ガイドライン 2012 ダイジェスト版、日本小児アレルギー学会食物アレルギー委員会
　http://www.jspaci.jp/jpgfa2012/chap10.html
②監修　文部科学省スポーツ・青少年局学校健康教育課：学校のアレルギー疾患に対する取り組みガイドライン、財団法人日本学校保健会、平成20年3月
③食物アレルギー対応マニュアル：さいたま市民医療センター小児科HP
　http://www.scmc.or.jp/aboutus03_dr05.html

これだけは！押さえておきたいワンポイント

　「食物依存性運動誘発アナフィラキシー」は、原因の食物を摂って2時間以内に運動負荷がかかった場合にアナフィラキシーを起こす疾患です。負荷の大きいマラソンや球技に多くみられます。中学・高校生から青年期に初めて発症する比較的まれな疾患で、アナフィラキシー全体の5％くらいです。原因物質は、小麦製品や甲殻類が大部分です。発症には、「食べ物＋運動負荷」といくつかの要因（疲労、ストレス、気温、月経等）があると言われています。
　発症した場合は、じんましんのほかに、咳や呼吸が苦しくなったり、血圧が下がってショック症状を起こす場合もあるため、注意が必要です。アレルギー専門の病院を受診して、原因の食物を調べる検査をして、医師の指示に従うことが大切です。

事例編

事例編

アレルギーの種類【アナフィラキシー】 　　　　　事例番号　41

> えっ、まさか　呼吸困難になるなんて
> ストレスでじんましん？！

対象児童生徒の学年・性別	高校3年　女子

Hiyari・Hatto　事例の概要

【いつ】	2時間目の休み時間
【どこで】	教　室

【何が・どのように・どうなった】
　両足の大腿部にじんましんが出て、かゆみを訴えて保健室に来室しました。養護教諭はアイシングをし、経過観察をしました。その後、下腿部にもじんましんが出て、かゆみも治まらなかったので、早退させて医療機関（皮膚科）への受診を勧めました。
　次の日、学級担任から、「帰宅後に呼吸困難になって母親と病院を受診した」ことを聞きました。

【ヒヤッとしたこと・ハッとしたこと】
・もし下校途中に呼吸困難になったり、家庭に保護者がいなかったことを考えるとヒヤリとしました。

【アレルギー既往の有無】	なし
【医療機関受診歴の有無】	なし

ⓒause どうして起きたのか？（背景要因）

①進路選択のためのストレス
　３年生の２学期ということもあり、就職面接などを控えていたことがストレスとなり、じんましんの誘発につながったものと思われます。

ⓛearning 事例からの学びや教訓

①保護者への連絡の必要性
　足に出ていたじんましんがまさか呼吸困難につながるとは思わなかったので、じんましんが出ている場合には必ず保護者に連絡をすることが必要であることを学びました。
②進路選択、進路決定の時期には要注意
　医師からストレスが原因ではないかと言われたことから、この時期には他の生徒も同様の症状が出た場合に注意が必要だと感じました。

事例編

【ヒヤリ・ハットを未然に防ぐための具体的な方策例】

保健管理から保健指導へ―個別対応―

病院受診をした翌日
〈健康相談での確認〉
- ・受診した際、どのような検査、医療的処置（服薬等）がなされたか
- ・医師からどのような指示があったか
- ・次回、受診日はいつか、検査結果はいつ出るのか
- ・昨日の受診後の体の状況はどうであったか
- ・保護者はこのことについて、どのように話していたか
- ・これまでにも、同じような経験をしたことがあるか、その場合は、どんな状況であったか
- ・このことで困っていることや不安に思うことはあるか

〈保健指導〉
- ・進路や学校生活に対する不安と身体症状との関連
- ・ストレスマネジメントについて
- ・生活習慣について

保健管理から保健指導へ―管理・指導・体制・連携の充実にむけて―

次回受診日（または受診結果が出た日）の翌日（できれば保護者同伴で健康相談）
健康相談出席者：本人、保護者、学級担任、養護教諭等
- ・受診結果の確認
- ・医師からの指示事項の確認
- ・学校生活における注意事項の確認
- ・その他、不安に感じていること

教職員への周知と事実報告、校内研修
- ・本人の状況と禁忌事項（医師からの指示等）についての報告
- ・学校の対応、体制の周知（場合によっては、文書等で明確化）
- ・校内研修の計画立案、実施

集団への対応（保健指導や学校保健委員会等）
- ・アレルギーについて記載した保健だよりの発行
- ・保健だよりを活用した、学級担任によるSHR等での保健指導の実施
- ・3学年、進路指導部等と連携し、ストレスマネジメントに関する集団保健指導の実施
- ・学校保健委員会における協議

アナフィラキシー

> これだけは！
> 押さえておきたいワンポイント

アナフィラキシーの対策は原因の除去に尽きます。児童生徒に起きるアナフィラキシーの原因としては食物アレルギーが最多であることを知った上で、過去にアナフィラキシーを起こしたことのある児童生徒については、その状況を知り、学校生活における原因を除去することが不可欠です。

また学校生活の中で、初めてアナフィラキシーを起こすこともまれではありません。アナフィラキシーを過去に起こしたことのある児童生徒が在籍していない学校でも、アナフィラキシーに関する基礎知識、対処法などに習熟しておく必要があります。

さらにストレスがアレルギーを誘発することから、アレルギーに対する知識だけでなく、ストレスマネジメントに関する指導も大切です。

事例編

事例編

アレルギーの種類【ハチ毒アレルギー】　　　　　　　　事例番号　42

| 大変！　ハチに刺された！ |

| 対象児童生徒の学年・性別 | 高校1年　男子 |

H iyari・Hatto　事例の概要

【いつ】	部活動中
【どこで】	学校の外周

【何が・どのように・どうなった】

　放課後、運動部の練習で学校周囲のランニングをしていたとき、スズメバチに数名の生徒が刺されました。
　幸い、近くを走っていた他の生徒たちがすぐに知らせに来てくれたので、迅速に対応することができました。
　いずれの生徒も刺されたところを冷やしながら「痛い、痛い！」と、とても痛がっていましたが、そのうち一人は刺された箇所が特にひどく腫れてきただけでなく、刺されていない部位にも発疹が見られはじめました。
　アナフィラキシー症状だと思い、急いで救急車を手配しました。
　重症化する前になんとか救急車が到着し、医療機関につなぐことができました。
　受診後、この生徒は以前にもハチに刺されて、今後留意するよう医師に言われていたことがわかり、もし救急車到着前にショック症状がでていたらと想像するとヒヤッとしました。

【ヒヤッとしたこと・ハッとしたこと】
・スズメバチと聞いただけでハッとしましたが、特に腫れのひどい生徒がいたので、ヒヤッとしました。
・後になって、ひどい腫れと発疹がでた生徒は以前ハチに刺されたことがあることがわかり、アナフィラキシーショックを起こしかねなかったと思いヒヤッとしました。

【アレルギー既往の有無】	なし
【医療機関受診歴の有無】	なし （ハチに刺されて受診したことはある）

Ⓒause どうして起きたのか？（背景要因）

①学校の近くの安全確認不足
　まさか学校のすぐ近くにハチがいるとは思いませんでした。
②ハチに刺された既往を把握していなかった
　ハチに一度でも刺された人は特に要注意という知識はありましたが、該当する生徒がいるかどうか把握しておらず、危険の予知ができませんでした。
③部活動中の安全管理についての指導不足
　熱中症には留意するよう指導していましたが、ハチに刺されることを想定した指導は行っていませんでした。

Ⓛearning 事例からの学びや教訓

①既往の把握の大切さ
　アレルギー疾患の調査は行っていましたが、ハチに刺された経験や、それについて医師の指示なども把握しておく必要性があると思いました。
②注意喚起と保健指導の必要性
　野山に行くような行事だけでなく、日常においてもハチなどに襲われる可能性はあるので、その危険性や身を守る方法、応急手当ての方法などについて保健指導を行い、事故防止につなぐ必要があると思いました。
③屋外活動における危険の有無の確認
　学校の敷地内だけでなく、生徒が活動する可能性のある学校周辺にも目を向けて、ハチの巣を含む危険の有無について日ごろから生徒や教職員が意識できるようにしておくことが大切だと思いました。

事例編

【ヒヤリ・ハットを未然に防ぐための具体的な方策例】

保健管理から保健指導へ―個別対応―

〈健康相談での確認〉
- 診断結果および治療内容
- 受診後の経過
- 医師からの指示内容、エピペン®処方の有無、その扱いについて
- 保護者はこのことについて、どのように話していたか
- このことで困っていることや不安に思うことはあるか

〈保健指導〉
- 不安なことや困ったことがあるときは、養護教諭に相談するよう指導する

保健管理から保健指導へ―管理・指導・体制・連携の充実にむけて―

健康相談出席者：本人、保護者、管理職、学級担任、養護教諭等
- 受診結果、医師からの指示内容、健康相談内容等の報告
- 学校生活における注意事項の確認
- 個別対応マニュアル作成についての確認

教職員への周知と事実報告、校内連携体制の見直し、校内研修
- 校内対応マニュアルや研修の内容
- 教職員の共通理解の状況
- 事故の状況と医師からの指示等についての報告
- 行事等の計画および校外活動時の留意事項の確認
- 緊急時の対応、校内体制の確認
- 校内研修の計画立案、実施

集団への対応
- ハチ毒および校外活動時の留意事項について保健だよりの発行
- 学校行事や校外活動の事前指導

ハチ毒アレルギー

> これだけは！
> 押さえておきたいワンポイント

　人を刺すハチは、スズメバチだけでなく、アシナガバチ、ミツバチも該当します。ハチは興奮すると集団で攻撃してくる習性があります。
　ハチに刺されたときの症状には、ハチ毒そのものによるものと、ハチ毒に対するアレルギー反応の２つがあります。アレルギーがない場合は、局所症状のみで、数日のうちに消失していきます。しかし、いったんハチ毒に対する抗体ができて再び刺された場合や、毒の量が多い場合には、アナフィラキシーを発症し、そのうち数％がショック症状に陥ると言われています。
　ハチ毒によるアレルギーは短時間で症状が出現し、進行が速いのが特徴です。山間部などでは救急車到着まで時間がかかることも考えられるため、校外学習などの際は事前に十分な対策を検討しておくことが必要です。
　刺されないためには、花柄や黒っぽい服装・持ち物を避け、なるべく肌を出さない、甘い香りのするものを身に着けない、もしハチがいたら、決して追い払ったりせず、刺激しないようそっと離れるようにします。
　応急手当は、毒液を絞り出すようにしながら傷口を流水でよく洗い流し、冷やして安静にします（ハチ毒は水溶性です）。20〜30分ほどの間に、異常がみられなければひとまず安心です。しかし少しでも様子がおかしければただちに医療機関を受診させます。

事例編

事例編

アレルギーの種類【薬品アレルギー（鎮痛薬）】　　　事例番号　43

| 登校前に飲んできた家庭薬でアナフィラキシーに |

対象児童生徒の学年・性別	高校1年　女子

Ｈiyari・Hatto　事例の概要

【いつ】	1時間目
【どこで】	教室

【何が・どのように・どうなった】

　登校途中から首すじや背中がかゆくなり、1時間目が始まって間もなく、がまんできなくなって保健室に来ました。

　じんましんのような症状のため、濡れタオルで冷やしながら問診を行いました。

　アトピー性皮膚炎もアレルギーの既往もない生徒でしたが、食物アレルギーの可能性を考えて何を食べたかたずねたところ、朝食は食べてこなかったそうです。

　さらに詳しく聞くと、生理痛のため、登校前に、家にあった鎮痛薬を服用してきたことがわかりました。

　問診をしている数分の間に、だんだんじんましんの範囲が広がり、そうこうするうち、せき込みもみられるようになってきました。

　喘息のような呼吸にも思え、酸素飽和度も低下してきたので、これはもしかしたら、と思い、救急車を呼びました。

　病院に着くまでの間にますます呼吸が苦しくなってくるのがそばにいてわかり、とてもハラハラしました。

　受診の結果、薬によるアナフィラキシーだったことがわかり、早く対応ができてよかったと言われました。

【ヒヤッとしたこと・ハッとしたこと】

・もし気づくのがもう少し遅かったらどうなっていたかと思うとヒヤッとしました。
・みるみるうちに症状がひどくなっていったので、見てもらうまでハラハラしました。

【アレルギー既往の有無】	なし
【医療機関受診歴の有無】	なし

ⓒ ause どうして起きたのか？（背景要因）

①朝食をとらずに鎮痛薬を服用した
　日頃から、自己判断での薬の使用には留意するよう生徒に指導していましたが、朝食をとらず空腹に薬を飲んだため、強い反応が出たようです。

②体調が万全でなかった
　試験前で、寝不足気味でもあったようです。生理痛も重なり、体調が悪かったことも影響した可能性があります。

Ⓛ earning 事例からの学びや教訓

①家庭薬でも発症することがある
　鎮痛薬によるアナフィラキシー症状を実際に目にして、身近な家庭薬だからといって侮れないことを改めて学びました。薬の正しい使い方について生徒に指導していくことはもちろん、保護者に対しても啓発していく必要があります。

②あらゆる可能性を考える
　じんましんには様々な原因があります。食物にこだわらず様々な可能性を考えて問診をすることが大切であると学びました。

③きめ細かい観察の重要性
　問診をしている間も観察を続け、急激な症状の変化に早く気付けたことがよかったと思います。ていねいな観察により症状を見落とさないことの大切さを再確認しました。

事例編

【ヒヤリ・ハットを未然に防ぐための具体的な方策例】

保健管理から保健指導へ―個別対応―

〈健康相談での確認〉
- 診断結果および治療内容
- 受診後の経過と現在の体調
- 医師の診断結果と医師からの指示内容
- 学校生活における注意事項
- アレルギーに関する他の生徒等への開示の可否
- このことで困っていることや不安に思うことはあるか

〈保健指導〉
- 不安なことや困ったことがあるときは、養護教諭に相談するよう指導する

保健管理から保健指導へ―管理・指導・体制・連携の充実にむけて―

健康相談出席者：本人、保護者、学級担任、養護教諭等
- 受診結果、医師からの指示内容、健康相談内容等の報告
- 学校生活における注意事項の確認
- 個別対応マニュアル作成についての確認

教職員への周知と事実報告、校内連携体制の見直し、校内研修
- アレルギー疾患の既往のある子どもの把握
- 救急体制について教職員で共通理解
- 医薬品によってアナフィラキシーを引き起こすことがあることを周知する
- 保健室でも医薬品の使用について留意していることを知らせる
- 医薬品の正しい使い方について指導する必要性について共通理解をはかる

関係者との連携
- 学校医、学校薬剤師に報告して、今後の指導について助言を受ける

集団への対応
- 保健ニュースの掲示や保健だよりを利用し、啓発に努める
- （必要に応じて）保健学習と関連付けた保健指導（くすり教育）の実施
- 学校薬剤師等と連携した講演会の実施、保健委員会での取り組みなど
- 保健室利用者への機会をとらえた保健指導の実施

薬品アレルギー（鎮痛薬）

> これだけは！
> 押さえておきたいワンポイント

　薬によるアレルギーには様々なものがあり、原因となる薬剤、症状ともに多彩であると言われています。医師は、病歴、薬の服用後の経過、症状などを総合的に見て診断をします。疑わしい症状がみられる場合は自己判断せず必ず医師に相談することが子どもを守ることにつながります。

　軽度の不調は自分で手当てする「セルフメディケーション」の考え方が普及する一方で、身近なコンビニでも薬が購入できる時代になり、子ども達は内服薬、外用薬問わず簡単に薬に頼ろうとする傾向が見られます。保健室で薬を与えない理由について、発達段階に応じてていねいに指導することが大切です。問題が起こってから指導するのでなく、日頃から、例えば消毒薬や目薬を使用するような日常的な場面などで、機会をとらえてさりげなく指導するのも効果があります。

　学習指導要領でも、中学校保健体育や高等学校保健において医薬品に関する教育を行うことになっています。これは薬物乱用防止教育とは別に、平成20年以降に新たに取り入れられたものです。教科書にどのようなことが書かれているのか、授業でどのように取り扱っているのかなど、保健体育の先生方に確認したり、学校薬剤師とも連携して、子ども達が正しい知識をもてるような指導を工夫したいものです。

事例編

事例編

3 事例全体から見た養護教諭のヒヤリ・ハット

(1) 事例から読み取れること

　これまで、学校現場においては、特に食物アレルギーによるアナフィラキシーショックが注目されてきた。しかし、本書に紹介した事例でも明らかなように、学校の教育活動中には、花粉、金属、薬品、動物、その他のアレルギーによる症状が様々な状況で発症し、養護教諭をはじめとした教職員がその最前線で対応している現状がある。
　アレルギーを起こす原因が多岐にわたっており、学校における管理および指導だけが問題ではない状況もあるようだ。本書に紹介する事例から導き出すことのできる共通点から、近年の学校におけるアレルギーを有する児童生徒への対応や健康相談・保健指導について考察する。

① 初めての発症

　目のかゆみ、皮膚のかゆみ、発疹、じんましん、鼻水、息苦しさ、嘔吐、下痢など様々な症状は、アレルギーではなくても保健室では児童生徒がよく訴える症状である。しかし、それら日常的に見られる症状は何らかのアレルギーの原因となる物質への暴露によって生じたアレルギーの症状であることがある。しかし、初めての発症の場合、養護教諭をはじめとする教職員、本人および保護者に至ってもアレルギーがあることを認識していないので、「アレルギーを起こす」という危機感を持っていないし「アレルギーによる症状」であることを想定しない場合が多い。

② 管理していたにもかかわらず発症

　養護教諭はもちろん、保護者および学級担任、給食センターなど考えられる関係者（関係機関）が徹底して連携し、環境を整えているにもかかわらず発症している。その背景には、関係者相互に「間違いないだろう」という過信や、児童生徒本人の軽率な（あるいは大丈夫だ

ろうという思い込みの）行動や、修学旅行や校外学習、給食や調理実習以外の授業（教育活動）での食物を食べる場面など、いつもと違う状況で発症している。特に、児童生徒は、自分がアレルギーであると認識してはいても「おいしそう」「大丈夫だろう」という思いが先行して「食べる」という行動を起こしてしまうことがある。

③ 運動が発症を誘発

通常であれば、主治医の指示および生活管理指導表にしたがって生活していれば時にアレルギーによる身体症状の発症は抑えられているが、運動をすることによって発症が誘発され、即時悪化することが頻発している。誘発する運動量は様々である。多くは、自分が食べた食物と運動との関連を意識していない場合が見られる。

④ 生徒指導上の問題と関連がある発症

刺青の例（事例34）や、学校内に迷い込んだネコに触れて発症した例に見るように、生徒指導上の問題や学校の保健および安全管理や生活指導・生徒指導上の問題が、アレルギーの発症に至っている場合がある。生徒指導上の問題だけを見て対応していると身体の状態を見落とす危険がある。

⑤ 複数の目で異変に気づくことの重要性

身体症状であっても、初発の場合は児童生徒自身がアレルギーによる症状と自覚していないことが多いことから、保健室来室時の一様なアセスメントの範囲だけでは、身体症状がアレルギーに原因があるとは気づきにくい。保護者、学級担任や部活動顧問等、児童生徒に関わるすべての教職員がアレルギーによる身体症状の発症を念頭に置く必要がある。複数の目で身体症状の原因を探ることが、より迅速な対応につながる。

（2） 事例の振り返りから

① 初発の発症に迅速に対応するために

○身体症状をアセスメントする際に、常に「アレルギーを想定する」

ことが必要である。
○危機を回避するために、特に、目のかゆみ、皮膚のかゆみ、せき込み、発疹などが原因不明のときは「アレルギーによる症状」を想定し、アレルギーによる身体症状の発症を疑って対応することが、重要な手立てとなる。また、原因不明で短時間で症状が軽減しても身体症状を呈した場合は、保護者に事実報告をする必要がある。養護教諭をはじめとする教職員は、アレルギーによる身体症状が突然発症することを認識しておく必要がある。

② きめ細かな管理のために
○保健調査等でアレルギーの既往が報告された場合、入学・進級時で多用な時期ではあっても、本人の登校(教育活動)が始まる前に個別の健康相談を行っておく必要がある。
○健康相談では、相談の時期やタイミング、類似するアレルゲンの洗い出しなどについて、主治医の指示および助言を得て、緊急事態を想定した健康管理の方法を検討する必要がある。
○健康相談を行ったら、教職員全体にその結果や、注意すべきことおよび対応方法等の必要事項を周知しておく必要がある。
○児童生徒の発達段階を十分考慮して、自己コントロールの状況(自制の状況)や想定される行動を見極める必要がある。
○自立に向けて、自ら選択し、行動を制御したり場所を離れたりすることなどができるように、発症を防ぐための具体的な方法を児童生徒および保護者らとともに相談し、身に付けていくことを支援する必要がある。

(3) 学校全体での取り組み

① 教職員全体の意識を高めるために
○多様な事例を知る
　自校および近隣の学校等で発生したアレルギーによる身体症状の発症の事実を報告し、発症の多様さと稀な出来事ではないことを知らせ

る必要がある。特に、自校で発生した「ヒヤリ・ハット」の事実の報告は、アレルギーに対して認識を深め、省察を伴う事例研修になりうる。アレルギーによる初めての発症について、様々な原因、状況があることを全教職員が共通理解するためにも、事実報告は重要である。

　研修会を開いた、受講したという事実だけでは、実際にアレルギーによる発症に直面した時に、主体的に具体的な行動を起こすことができない状況がある。

②　危機管理のために
○児童生徒の健康管理

　養護教諭は、各種のアレルギーを有する児童生徒について保健調査等によって把握する。そして把握した児童生徒について、行事（学習活動）を計画するときにはアレルゲンの除去や運動誘発の予防の方法や配慮事項について具体的に検討する。環境調整による管理の徹底を図るだけでなく、発達段階に応じて児童生徒が自らアレルゲンについて注意を払い、回避する行動をとっていくことができるような健康相談・保健指導を進めていくことが肝要である。

○活動の内容により環境調整

　例えば、蕎麦打ち体験、動物がいる場所へ行くこと等、アレルギーの原因として考えられている物質が発生する場所での活動を計画する場合は、保健調査等で申し出が確認されていなくても、アレルギーによる身体症状の発症を想定して、引率および監督等の人的配置を考慮する必要がある。そうした環境調整の具現化のためには、教職員がアレルギーの発症の機序やあらゆる場面でアレルギーによる身体症状の発症が起こりうることを認識することが大切である。

　　　　　　　　　　　　　　　　　　　　　　（平川　俊功）

養護教諭ヒヤリ・ハット研究会

〈代　　表〉
三　木　とみ子　　女子栄養大学客員教授

〈研究会メンバー〉　＊五十音順・敬称略

芦　川　恵　美　　埼玉県飯能市立富士見小学校養護教諭
東　　　真理子　　東京都足立区立六木小学校養護教諭
安　西　ふ　み　　千葉県我孫子市立根戸小学校養護教諭
五十嵐　恭　子　　埼玉県立川越高等学校養護教諭
岩　崎　和　子　　群馬県前橋市立天川小学校養護教諭
内　海　香　織　　埼玉県立総合教育センター指導主事
遠　藤　伸　子　　女子栄養大学教授
大　沼　久美子　　女子栄養大学准教授
岡　野　容　子　　埼玉県川越市立大東中学校養護教諭
刈　間　理　介　　東京大学准教授
澤　村　文　香　　埼玉県所沢市教育委員会指導主事
篠　沢　聡　美　　女子栄養大学実験実習助手
鈴　木　裕　子　　国士舘大学准教授
平　川　俊　功　　東京家政大学准教授
藤　田　徹　子　　埼玉大学教育学部附属小学校養護教諭
道　上　恵美子　　埼玉県立草加東高等学校養護教諭
力　丸　真智子　　埼玉県朝霞市立朝霞第五小学校養護教諭

〈執筆協力者〉
渡　部　実和子／堀　川　友　美／屋　代　紗都子

〈イラスト〉
木　村　夢　子

（平成27年4月現在）

事例から学ぶ「養護教諭のヒヤリ・ハット」
―アレルギー編―

平成27年6月10日　第1刷発行
平成31年3月15日　第2刷発行

　　　著　者　代表　三　木　とみ子
　　　発　行　株式会社ぎょうせい
　　　　　〒136-8575　東京都江東区新木場1-18-11
　　　　　電話　編集　03-6892-6508
　　　　　　　　営業　03-6892-6666
　　　　　フリーコール　0120-953-431
〈検印省略〉　URL https://gyosei.jp

印刷・製本　ぎょうせいデジタル株式会社
乱丁・落丁本は送料小社負担のうえお取り替えいたします。

Ⓒ 2015　Printed in Japan　禁無断転載・複製
ISBN978-4-324-09937-7 (5108124-00-000)〔略号：ヒヤリ・ハット(アレルギー)〕